LE CONGRÈS
DE CYTHÈRE.

Les formalités ayant été remplies conformément aux lois, je poursuivrai tout contrefacteur ou débitant du présent ouvrage contrefait.

~~~~~~~~~~~~~~~~~~~~~~~~~~~~~~~~~~~~

CET OUVRAGE SE TROUVE AUSSI AU DÉPÔT

DE MA LIBRAIRIE,

Palais-Royal, galeries de bois, n°s 265 et 266.

Nota. Les personnes qui désireront le Catalogue général de ma Librairie, pourront en faire la demande; il leur sera envoyé *gratis*.

LE CONGRÈS
DE CYTHÈRE,

(Du C.te François Algarotti)

Poëme érotique en 5 chants.

TRADUCTION LIBRE DE L'ITALIEN,

PAR C. P******.

Paris,

J. G. DENTU, IMPRIMEUR-LIBRAIRE,

RUE DU PONT DE LODI, N° 3, PRÈS LE PONT-NEUF.

DÉCEMBRE 1815.

NOTICE

SUR

L'AUTEUR DU CONGRÈS DE CYTHÈRE.

———

LE comte François Algarotti, chambellan de Frédéric-le-Grand, et chevalier de l'ordre du mérite, naquit à Venise le 11 décembre 1712, de Roch Algarotti et de Marie Meratti. Il étudia à Rome, au collége de Nazareth, jusqu'à l'âge de quatorze ans. Son père le rappela alors à Venise, et le fit élever sous ses yeux; mais Roch Algarotti

a

étant venu à mourir, Bonhomme, frère aîné de François, l'envoya continuer ses études à Bologne, sous le célèbre Eustache Manfredi, qui lui enseigna la géométrie. Ce fut François Zannotti qui lui expliqua la philosophie. Le comte Algarotti l'étudia six ans, et suivit les leçons de physique expérimentale que donnait alors le docteur Beccari.

Le comte avait une inclination naturelle pour la peinture et les arts qui y ont rapport : il s'appliqua à l'anatomie ; et laissant à la médecine le soin d'examiner l'intérieur du corps humain, il s'en tint aux formes extérieures qui doivent être retracées par l'artiste.

Il se livra aussi à l'étude des sciences exactes. Le premier tome des commentaires de l'institut de Bologne rapporte avec éloge quelques observations astronomiques du comte.

Clairaut et Maupertuis allant en Suède pour déterminer la figure de la terre, souhaitaient d'avoir avec eux Algarotti. Il le leur avait fait espérer, et ne tint pas sa promesse. Ces deux savans s'en plaignirent dans les lettres qu'ils lui écrivirent, ainsi qu'à madame du Châtelet.

Le comte faisait ses études dans le temps où l'Italie n'avait qu'un petit nombre d'esprits libres qui eussent ouvert les yeux à la lumière que Galilée, ensuite Descartes et enfin Newton, avaient répandu sur la philosophie. Il a été le premier en Italie qui ait entrepris de mettre à la portée de tout le monde le langage des philosophes. Il choisit, à cet effet, l'un des sujets les plus curieux et les plus difficiles de la physique, la lumière et les couleurs, suivant le système de Newton. Le comte Algarotti vérifia toutes ses expériences aux yeux des savans de Bologne; il répéta ces mêmes expériences à Venise, et réfuta le livre du comte Rizzetti, qui attaquait les fondemens de l'optique du philosophe anglais. C'est sa dissertation sur ce sujet qui l'engagea à écrire son *Newtonianisme*, qu'il composa à Rome et à Paris, à l'âge de vingt-un ans. Dans cet ouvrage, il rendit faciles les théories les plus abstraites, et prêta des grâces à la philosophie la plus sublime. L'ingénieux Fontenelle avait fait la même chose dans son livre sur la Pluralité des Mondes; mais l'écrivain français avait à traiter des fictions agréables, et l'italien avait des vérités de calcul à démontrer.

Le *Newtonianisme* fut suivi d'un autre dialogue intitulé *Charitée*, où le comte explique comment nous voyons droits les objets qui se peignent renversés dans le fond de notre œil, et comment nous voyons simple un objet qui fait une double impression sur nos yeux.

Dès que le comte Algarotti eut achevé son *Newtonianisme,* il le lut à plusieurs savans, et particulièrement à M. de Fontenelle, qui l'applaudit beaucoup. Algarotti lui en fit la dédicace, quoique la marquise du Châtelet l'eût sollicitée. Elle associait ses études à celles de Voltaire à Cirey. Aussitôt que l'ouvrage du comte parut, le solitaire de Cirey, à qui il l'avait lu, le reçut avec des sentimens d'admiration : il la témoigna à l'auteur dans les termes les plus honorables. Perron de Castera traduisit le *Newtonianisme*, et le fit imprimer à Amsterdam, en 1740. Sa traduction est froide, barbare, incorrecte ; aussi l'ouvrage du comte Algarotti ne fut-il pas goûté en France ; mais en Allemagne, en Angleterre, en Portugal, en Russie, il eut des succès mérités.

Le comte, doué par la nature d'une imagination vive, se livra à la poésie lyrique, et y transporta les grâces des Grecs et des Latins. Il étudia à Florence la pureté de la langue italienne et la correction du style : il traita des sujets instructifs et moraux; deux seulement ont rapport à l'amour.

De tous les auteurs latins, c'est Horace qu'il prit principalement pour modèle. Il l'imita dans ses écarts. Cette méthode, si familière à Pindare, à Callimaque et autres lyriques Grecs; et, parmi les Latins, à Catulle, à Properce et à Horace, fut négligée jusqu'à Chiabrera, qui, dans quelques-unes de ses odes, la suivit avec succès. Le comte Algarotti adopta cette même méthode dans ses épîtres, au nombre de dix-sept. Elles se font remarquer par la noblesse et l'élévation de son caractère, par la fécondité de sa veine, par la douceur de l'harmonie, l'expression du sentiment, l'abondance, la simplicité et la variété du style.

Outre ses épîtres, on trouve, dans l'édition de Livourne, des vers adressés à Elisabeth, reine d'Espagne, en lui envoyant ses dialogues, quelques odes anacréontiques, et vingt-six sonnets.

Quoique le prospectus de la *Néréidologie* et le *Congrès de Cythère* soient écrits en prose, on doit les mettre au rang des poésies, parce qu'ils sont des ouvrages d'imagination auxquels il ne manque que la mesure. Dans le premier, le comte suppose un auteur annonçant au public qu'il va mettre au jour plusieurs volumes sur les néréides, avec des dissertations et cinquante-sept chapitres.

Le *Congrès de Cythère* est un petit ouvrage rempli d'agrément et de délicatesse. Il a été imprimé avec les autres œuvres de l'auteur, et séparément, à Naples, en 1745; à Amsterdam, en 1746; à Potzdam, en 1751, et à Paris, en 1756.

Une traduction allemande de ce livre fut imprimée à Leipsick en 1757. Il fut aussi traduit en français par une jeune demoiselle qui n'a pas voulu se faire connaître. Il paraît même que sa traduction n'a jamais été imprimée. Mais le *Congrès de Cythère* fut paraphrasé sur l'édition de Naples, et imprimé sous la fausse date de 1743, par un traducteur qui ne savait ni le français ni l'italien, qui, après avoir défiguré l'ouvrage, pensa porter atteinte à la réputation du comte Algarotti, en adressant des personnalités grossières à Crébillon, à Voltaire, à Fontenelle, à l'Université. Le comte s'en plaignit dans les journaux. Il déclara qu'il n'avait aucune part aux idées bizarres du traducteur, et qu'il lui laissait toute la gloire d'un livre que les gens de bien détesteraient, et que les hommes polis mépriseraient.

NOTICE

Il m'a semblé que la poésie seule, en français, pouvait en quelque façon reproduire l'harmonie séduisante de la prose du *Congrès de Cythère*.

J'ai supplié les Grâces de s'associer à ma muse qui, se rappelant encore des succès de collége, est peut-être devenue trop audacieuse : le bon goût décidera si les Grâces et ma muse m'ont été favorables.

Il fallait, pour traduire l'ouvrage en vers, le diviser par chants ; c'est ce que j'ai fait de la manière suivante :

De nombreux abus s'étaient introduits dans le culte de l'Amour : s'ils n'étaient anéantis dans leur source, ses autels seraient renversés. Le dieu rêveur, inquiet, avait fui les cités, et s'isolant à Cythère, il réfléchissait aux moyens de rendre à son empire son antique honneur. Dans son incertitude, il convoque un conseil ; il lui expose le mal dont il faut trouver le remède. Le conseil s'agite ; enfin, il décide qu'il faut réunir un Congrès à Cythère. Les Jeux et les Ris, messagers ailés, portent aux mortels la volonté des dieux. En France, en Angleterre, en Italie, on désigne des ambassadrices : elles partent, et leur sagesse va terminer le différend qui sème la division parmi les peuples incertains du culte qu'on doit rendre à l'Amour.

Tel est l'objet du premier chant.

Le second s'ouvre par l'arrivée des trois ambassadrices. Elles sont introduites dans le temple du dieu, et le sort règle leur tour à lui faire le récit des systèmes amoureux des nations qui les commettent.

Milady Gravely, l'anglaise, parle la première. Son exorde grave et sérieux contraste avec l'enjouement que devrait lui inspirer la présence de l'Amour; elle met les tristes souvenirs de son ame affectée en opposition avec l'agrément de sa situation actuelle. Ce début est naturel et vrai; elle dépeint le caractère des maris, les veillées : l'Ennui y préside, il suit la Beauté jusqu'au Vauxhall, image de Cythère; de là résulte une sortie contre la rudesse des Anglais en amour. On doit l'excès de ces maux aux Catons, qui recommandent sans cesse l'antique sévérité des mœurs : si quelquefois les jeunes gens adressent leurs hommages à la beauté, l'Amour, qui naît dans leurs cœurs, expire presqu'aussitôt ; ils vont éteindre dans les bras d'une courtisanne l'amour allumé par de chastes attraits. Cette idée amène la peinture des orgies nocturnes des Anglais. Le style d'Algarotti s'élève avec la matière : on se rappelle Juvénal tonnant contre la dissolution des mœurs de Rome. A ce tableau est opposé celui des vrais amours, au siècle de Charles II, et leur déclin, sous le règne d'Anne : le discours est terminé par une invocation véhémente à l'Amour.

Madame de Jasis, la française, paraît au troisième chant; elle a constamment rendu grâces à la fortune de l'avoir fait naître en France; mais sa reconnaissance est plus grande encore depuis qu'elle a entendu les griefs de milady. A ce début succède un trait d'orgueil national manifesté inconsidérément : l'Amour va ordonner à toutes les nations de l'adorer à la manière des Français ; on a banni de sa pratique tout ce qui pouvait gêner sa liberté. Pour justifier cette conduite, on blâme celle des amans d'autrefois : l'Amitié est lente, l'Amour est prompt. Quelle belle occasion pour parler des sympathies ! Madame de Jasis ne passe point sous silence ces petits temples de l'Amour dont les murs de Paris sont entourés ; elle compare la méthode amoureuse des Français avec celle des autres nations, et leur préfère celle de son pays.

Madonna Béatrice, l'italienne, remplit le quatrième chant. Son discours, tout en métaphysique amoureuse, respire la morale du divin Platon ; son exorde est un peu ampoulé ; mais Madonna prend cette enflure pour de la dignité. Ses premiers mots sont un reproche aux amans italiens : elle accuse de leurs écarts les Anglais, mais principalement les Francais dont la doctrine a jeté, en peu de temps, de profondes racines en Italie. Madonna prouve par Le Dante que leur morale est erronée ; elle explique comment l'amour, ce feu sacré émané du ciel, se manifeste à nos regards sur la terre; elle fait des sectateurs de Platon un pompeux éloge, auquel succède l'histoire des cours amoureuses de l'Italie, celle de la décadence de leurs mœurs, et le récit des malheurs qui en furent les suites : Madonna en indique les causes, car elle est profondément versée dans la philosophie amoureuse ; et, tout-à-coup s'interrompant elle-même par un beau mouvement oratoire : Pourquoi, dit-elle, rappeler les désastres de cet âge, quand, plus cruels les nôtres sont récens? Elle en fait une peinture pathétique, et finit en suppliant l'Amour de rendre à l'Italie la morale de Platon.

Cependant le dieu fait connaître sa décision à son conseil, et ordonne à la Volupté de l'annoncer au Congrès.

La décision de l'Amour, développée par la Volupté, fait l'objet du cinquième et dernier chant ; elle trace aux adorateurs du dieu la véritable route qu'ils doivent suivre. L'Amour applaudit au discours de la Volupté, et va rendre au monde les plaisirs dont son absence le privait.

Le comte Algarotti a peint dans cet ouvrage la sensibilité et la pureté délicate des Italiennes de la bonne compagnie, la commode légèreté des Françaises, et le sérieux philosophique des Anglaises ; il a conservé à chaque nation son véritable caractère : tous ces portraits sont d'une vérité frappante. Le Congrès du comte Algarotti doit plaire sur-tout aux voyageurs, qui reconnaîtront les physionomies.

Voltaire écrivit au comte : « J'ai lu « et relu, et relirai encore votre con- « grès que les Grâces ont dicté elles- « mêmes, et que vous avez écrit avec « une plume tirée des aîles de l'A- « mour. »

Je suis persuadé que ce sujet, traité par un favori d'Apollon, pourrait enrichir la bibliothèque des boudoirs. Puisse-t-il ne pas la déparer, tel que je l'ai versifié !

LE CONGRÈS DE CYTHÈRE (1),

POËME.

CHANT PREMIER.

Le dieu d'Amour est l'objet de mes chants :
Tibulle, Ovide, inspirez mes accens,
Et je dirai quelle guerre intestine
De ses autels menaça la ruine ;
Comment Amour, subjuguant la raison,
De ses sujets cimenta l'union,
Des sectateurs confondit la cabale,
Et révéla sa divine morale.

LE CONGRÈS DE CYTHÈRE.

Jadis Amour déserta nos cités :
De son départ les mortels attristés
Ne voyaient plus le dieu, de l'œil des belles
Leur décocher mille flèches cruelles ;
Pourtant encor on poussait un soupir
Par habitude ou bien par souvenir.
Tout languissait (ainsi le dit l'histoire) ;
On ne savait ce qu'il en fallait croire.
Chacun portait, selon sa volonté,
Son jugement sur cette nouveauté.
L'un croit qu'Amour, du fond de sa retraite,
Rêve aux moyens de vaincre une coquette :
Celui-ci veut qu'un drame larmoyant
L'ait engourdi d'un sommeil si puissant,
Qu'il dorme encor au fond d'une coulisse.
L'autre prétend que Morphée assoupisse
Le public seul, au discours d'apparat
Qu'à l'Athénée adresse un candidat.
Sur ces avis nul mortel ne s'accorde :
De leurs conseils bannissant la concorde,

CHANT I.

Amour divise entr'eux les potentats ;
Il les excite, il les pousse aux combats.
Les plus subtils, hors de cette hémisphère,
Voyaient l'Amour, dans l'ombre du mystère,
Passant ses jours près d'une autre Psyché (2),
Dont les attraits se l'étaient attaché.

Hélas! combien est toujours téméraire
Le jugement que porte le vulgaire,
Alors sur-tout que, d'un œil curieux,
Il va scrutant dans le secret des dieux !
Ni les plaisirs que la vengeance donne,
Ni le sommeil que nous occasionne
L'ennui d'un drame et les discours pompeux,
Ni les débats des souverains entr'eux,
Ni même enfin un amoureux délire,
Ne dérobaient l'Amour à son empire.
Un grand objet, une affaire d'Etat
Dans son esprit produisant maint débat,

Depuis long-temps, soucieux, solitaire,
Le retenait à l'île de Cythère,
Au sein des flots qui, baignant d'un côté,
Le sol des fils de Pélops habité,
Vont se briser, dans leur course fougueuse,
Sur les rochers de la Crète orgueilleuse (3).

Un différend, parmi les nations,
Semait l'aigreur et les divisions :
Le dieu d'Amour, plein de sollicitude,
En gémissait dans cette solitude.
Son front couvert par un nuage épais
N'inspirait plus le calme de la paix.
Il n'avait point cet air sombre et sévère,
Quand à Cypris, s'unissant à Cythère,
Il discuta les principes divins
Qui fonderaient la grandeur des Romains (4);
Et sa douleur parut bien moins subtile,
Lorsque piqué du serpent volatile
Que célébra jadis Anacréon (5),

CHANT I.

Près de sa mère il fuit son aiguillon.
L'Amour, pourtant, bâtissait des systèmes,
Il inventait différens stratagêmes,
Adoptait l'un et puis le rejetait
Lorsqu'encor mieux son esprit l'agitait.
Il se décide, en dernière analyse,
A convoquer un conseil qui l'avise,
Ce qu'il ne fait qu'à toute extrémité.

Il appela l'aimable déïté
Dont le regard serein et plein de charmes
Du malheureux dissipe les alarmes ;
C'est l'Espérance : elle soutient nos jours.
Plaignant nos maux, elle porte toujours
Un vase où sont les remèdes propices
Qui, de nos cœurs, ferment les cicatrices.
Puis au conseil vint la Témérité,
Joignant la grâce à la naïveté,
Qui plaît au sexe, alors qu'elle l'offense,
Et qu'on ne vit, dans nulle circonstance,

Par des lenteurs perdre l'occasion.
En se jouant, avec précaution
Elle saisit au toupet la Fortune.
La Jalousie, à l'Amour importune,
Ne souille point ce séjour bienheureux.
Se nourrissant de soupçons odieux,
De tout plaisir elle corrompt la source,
De ses tourmens fait sa seule ressource :
Près du Cocyte, arrosé de ses pleurs (6),
Avec l'Envie, elle en a les fureurs.
Chez les mortels d'Amour suivant la trace,
En son conseil elle n'eut point de place.
La Volupté, compagne de l'Amour,
Sans son appel y parut à son tour.
Le sourire est sur ses lèvres de rose
Où la fraîcheur dans son éclat repose :
Des dents d'ivoire en forment l'ornement ;
Son front étroit n'en est pas moins charmant.
Un grand œil noir ajoute à sa figure ;
En longs anneaux sa noire chevelure

CHANT I.

Tombe, répand une agréable odeur,
Et de son teint relève la blancheur.
Par des rubans, ses cheveux sur sa tête,
Sont réunis et portés jusqu'au faîte.
Un tissu simple, agréable sans art,
Ne voile point ses charmes au regard.
De Vénus même elle a pris la ceinture.
Les diamans ne font point sa parure :
Son doigt agite un camée en portraits
Où de César, d'Aristippe les traits (7),
D'un ciseau grec, inimitable ouvrage,
Feraient l'honneur des sculpteurs de notre âge.
Ainsi l'Amour choisit ses conseillers :
D'un moindre rang, les Ris, les Jeux légers (8),
Dont les ébats, l'aimable politesse
Ont enfanté les bons mots de la Grèce,
Suivaient leurs pas et siégeaient derrière eux.

L'Amour disait, de ce ton gracieux
Qu'en ses discours chaque mortel admire,

Et qu'on voudrait, mais en vain, reproduire :
« Que l'Europe est, parmi les nations,
« L'objet constant de ses affections.
« L'Asie était en proie aux faux systèmes,
« Et l'Amérique avait, de maux extrêmes,
« De vrais fléaux, doté le genre humain.
« Ces deux pays recelaient dans leur sein
« Tous les trésors que notre orgueil désire,
« Source d'abus dans l'amoureux empire.
« On vit jadis en Afrique des mœurs
« Au temps présent, l'homme, dans ses fureurs,
« S'y fait rival de la bête farouche ;
« Amour, plaisirs, beaux-arts, rien ne le touche.
« Mais en Europe, on a vu, de tout temps,
« Un heureux sol, de joyeux habitans,
« Qui des plaisirs en ont fait la patrie :
« C'est le séjour de la galanterie.
« Aux jours de gloire où l'aigle des Romains (9)
« Planait, dit-il, sur les Européens,
« Il n'existait qu'un maître, qu'un langage :

CHANT I.

« D'un même culte on lui rendait l'hommage.
« Selon le rit dont Rome l'honorait,
« Le Grec en pompe au temple l'adorait ;
« Ainsi faisait la froide Germanie :
« Chez l'Espagnol, même cérémonie.
« Mais aujourd'hui, les peuples sont changés :
« Dans l'art d'aimer ils se sont tous rangés
« A certains plans dont le style diffère,
« Comme le fait chaque langue étrangère.
« L'ame, chez l'un, doit jouir de l'Amour :
« L'autre le règle au caprice du jour ;
« Et celui-ci croit à son influence,
« C'est un brutal dont l'aspect seul l'offense.
« Chacun blâmant l'opinion d'autrui
« Veut et prétend qu'on pense comme lui,
« Va censurant toute secte amoureuse,
« De ses auteurs dit la morale heureuse,
« Et toutefois, attache à son aigreur,
« D'un zèle vrai l'apparente couleur.
« De la Raison, babillarde, impuissante,

« Tous ces débats étaient l'œuvre constante.
« L'Amour vainqueur déjà, plus d'une fois,
« L'avait soumise à recevoir des lois,
« A ces méfaits joignant la raillerie :
« Elle exerçait contre lui sa furie.
« Lorsqu'elle vit l'homme à l'Amour rendu
« Subir son joug, pratiquer la vertu,
« Elle inventa ces questions nouvelles
« Sur l'art d'aimer, pour nourrir les querelles.
« Elle avait dit, avant ce coup d'éclat,
« Qu'Amour était un trompeur, un ingrat,
« Et qu'il faisait, par des peines amères,
« Trop acheter ses faveurs passagères,
« Qu'il remplaçait par des ennuis constans :
« Elle ajoutait d'autres contes d'enfans.
« Amour savait qu'on ne pouvait détruire
« Les fondemens de son puissant empire,
« Plus affermi, plus durable cent fois,
« Que ne le sont les trônes de nos rois ;
« Mais il craignait que des troubles funestes

« Des factions fussent les tristes restes.
« Il voulait donc, pour la tranquillité,
« Des sentimens maintenir l'unité,
« Et prétendait que, par un stratagême,
« En son conseil discuté par lui-même,
« De la Raison déjouant les projets,
« Il s'assurât les cœurs de ses sujets;
« Que leur esprit fût sans inquiétude,
« Que l'adorer fût leur unique étude;
« Qu'on tranchât court aux dissertations
« Qui n'amenaient que des séditions.
« On préviendrait de l'Etat la ruine
« En rappelant sa morale divine;
« Il ne devait régner d'autres combats
« Chez ses sujets que d'aimables ébats
« Qui, de la paix, effaçant tous les charmes,
« Même à l'Amour prêtent encor des armes. »

De Cupidon tel était le discours.
Il s'arrêta quelquefois dans son cours;

Lui qui souvent sait, d'une heureuse adresse,
Entrecouper les mots qu'il nous adresse,
Ou bien qui garde un silence trompeur
Pour triompher plus sûrement d'un cœur.

A son récit, l'assemblée inquiète
Prend maints partis, aussitôt les rejète.
L'un veut traiter le mal avec douceur,
L'autre employer les moyens de rigueur :
Plusieurs pensaient qu'il n'était pas la peine
De s'occuper d'une chimère vaine.
On proposa (non sans blesser l'Amour
Qui tout confus s'en souvint plus d'un jour)
De consulter l'oracle qui réside
Aux champs fameux d'Amathonte et de Gnide.
Diversement le conseil discuta
Sur cette affaire, et long-temps l'agita.
Les Jeux ôtaient, par des éclats de rire,
Aux orateurs le pouvoir de bien dire ;
Par les chansons de la Témérité

CHANT I.

Tout ce fracas se trouvait augmenté.
En vain l'Amour, dans son impatience,
Essayait-il d'établir le silence ;
Pour s'excuser, tous parlant à-la-fois,
Du Président faisaient taire la voix.

La Volupté veut parler : on l'écoute.
« Vous ignorez, leur dit-elle, la route
« Qui conduirait à détruire le mal
« Au dieu d'Amour devenu si fatal.
« De nos soucis pour peser la matière,
« Réunissez un congrès à Cythère :
« Qu'il soit choisi parmi les nations,
« Chefs principaux dans ces discussions ;
« Dont en amour les usages diffèrent,
« Pour les guider que les peuples préfèrent ;
« Et convoquez, plutôt que les maris,
« Le sexe juge en ce point mieux appris.
« Vous connaîtrez, par ces ambassadrices,
« Des nations les différens caprices.

« Elles diront la source de nos maux,
« Par quels moyens cesseront leurs fléaux.
« L'Amour pourra donner la préférence,
« Aux bons avis émis en sa présence. »

On applaudit à ce sage discours ;
Les Ris, les Jeux, compagnons des **Amours**,
Vont annoncer la volonté céleste.
D'un tire-d'aile à Paris le plus leste
Bientôt arrive : il aimait nos soupers,
Où le Champagne et les propos légers,
Et les couplets et l'aimable saillie,
Se font toujours fidèle compagnie.
En Angleterre, un autre se rendit
(Car il avait plus d'à-plomb dans l'esprit.)
Il vit de Londre et la fumée épaisse,
Et les frimats, et la fange et la presse.
Pour l'Italie un autre messager
Partit : au sol il était étranger.
En peu de temps il l'aurait parcourue.

Si, de ces lieux qui séduisent la vue,
L'attrait puissant ne l'avait enchanté
Et dans son vol ne l'avait arrêté.

Des dieux ailés on apprend la venue :
Leur mission est aussitôt connue.
Quelle beauté, dans le fond de son cœur,
D'un pareil choix ne brigue pas l'honneur,
Et quel moyen, s'il conduit à Cythère,
Jugera-t-on n'être pas salutaire ?
On aurait vu, tour-à-tour employés,
Propos flatteurs, aussitôt oubliés,
Discours adroits et promesses frivoles ;
Pour l'emporter, que de vaines paroles !

Chez les Français, par un commun avis,
On désigna madame de Jasis.
Elle entendait des festins l'ordonnance ;
De la toilette elle aimait l'élégance,
Avait sur-tout, dans la perfection,

Cet enjoûment cher à sa nation,
Et signalait avec finesse et grâce
De ses amans la récente disgrâce,
Pour annoncer aux nouveaux aspirans
Qu'ils se pouvaient mettre aussi sur les rangs.

   Chez les Anglais les dames s'agitèrent :
Entre plusieurs les voix se partagèrent ;
Puis on nomma milady Gravely.
Son rare esprit, par le bon goût poli,
Rendait certains ses arrêts littéraires,
Et l'immisçait dans les grandes affaires.
Faut-il parler de son talent vanté
Pour tousser juste et bien verser le thé ?

   L'Italie est en intrigues fertile :
Deux factions y divisaient la ville ;
L'une adoptait les usages mondains,
Le ton léger de nos ultramontains ;
Elle donnait une teinte étrangère

A ses dehors, même à la langue-mère;
L'autre voulait au genre italien
Tout asservir, y trouvait tout fort bien;
Et, convenant que des habits la mode
Etait en France élégante et commode,
De son pays mettait l'antique honneur
Dans le bon goût, la droiture du cœur.
On fit enfin triompher la justice
En choisissant madame Béatrice.
Elle savait des anciens écrivains
Touchant l'amour les principes divins :
Dans l'Italie, elle était renommée
En repaissant d'une vaine fumée
S'il le fallait, ses cavaliers servans
Qui, par espoir, se montraient plus fervens.

Vint le départ des trois ambassadrices
Dont les talens, les vertus protectrices
Devaient finir ce fameux différend.
De milady l'Anglais indifférent

Dit au public un mot dans la Gazette ;
Et dans Paris, où peu l'on s'inquiète,
Chacun glosa, puis donnant son avis,
On oublia madame de Jasis ;
Mais quand partit Madonna Beatrice,
Pour la chanter, de la presse au supplice
On vit sortir des recueils de sonnets :
Le laboureur délaisse les guérets ;
La fleur des champs dessèche sur sa tige.
Le monde veuf de son départ s'afflige,
Et les amans, désormais isolés,
Sans son appui languiront désolés.

FIN DU CHANT PREMIER.

CHANT DEUXIÈME.

Déja de loin on découvre la terre :
C'est l'heureux sol de l'île de Cythère.
En l'abordant, le cortège ravi
De ce séjour fait l'éloge à l'envi.
Aussi riant ne parut ce rivage
Que dans le jour où Vénus sur la plage,
A ses sujets, pour la première fois,
Vint présenter le Code de ses lois.
Le ciel brillait d'une vive lumière :
Un doux zéphir, en ridant l'onde amère,
A l'ambassade apportait les odeurs
Dont l'imprégnaient ses caresses aux fleurs.
En roucoulant, la blanche tourterelle,
Plus tendre encor, toujours aussi fidèle,
Arrondissait le nid où de ses feux
Reposeraient les fruits si précieux.
Du dieu d'Amour tous ressentaient l'ivresse :

Par sa présence il soufflait la mollesse,
Et la beauté résistait faiblement
Aux doux efforts d'un téméraire amant.
De Cupidon le temple au loin domine
La vaste mer et la plaine voisine :
Le peuple en foule assiégeait le parvis,
Tant de ce dieu les dogmes sont suivis !

De milady la robe était de moire,
Blanc argentin, si j'ai bonne mémoire.
Un par-dessus de broderie orné
La recouvrait, en festons terminé,
Et dessinait une taille allongée.
En chapeau court, sur sa tête arrangée,
La paille offrait un ovale parfait.
Un jeune frère à ses côtés marchait.
Dans le trajet, à part avec ivresse,
Il lut de Spon les voyages en Grèce (1).
Si milady ne l'avait arrêté,
Avant Cythère il aurait visité

CHANT II.

Nicopolis, célèbre dans l'histoire (2),
Et d'Actium le fameux promontoire (3).

Mais quand parut madame de Jasis,
D'étonnement les yeux furent saisis,
Par sa démarche et sur-tout sa parure.
Un fard épais colorait sa figure.
On respirait autour d'elle l'odeur
De cent parfums exhalant leur fadeur.
Son andrienne, en fleurs d'argent brochée,
D'un jaune pâle, était fort recherchée.
Un par-dessus avec goût adapté,
A l'amateur découvrait la beauté
D'un pied mignon et d'une jambe telle
Qu'on en voyait au temps de Gabrielle (4).
A ses côtés les aimables du jour
Obtenaient d'elle un souris tour-à-tour.
L'un, de ses pas guidait la nonchalance ;
L'autre, dansant, s'avançait en cadence.
S'ils découvraient des sites ravissans,

C'était Marly, Bagatelle ou Longchamps.
L'habitant même était, à leur manière,
Tout étranger dans l'île de Cythère.

Sur les cheveux de Madonna rangés,
Les diamans se voyaient étagés.
L'or s'y jouait avec les pierreries :
Malgré son luxe et ses bizarreries,
C'est elle encor qu'il fallait admirer.
Pour les amans, vous les énumérer
Serait trop long : ils étaient en cortége,
Et chacun d'eux avait son privilége.
Tous enviaient le sort du chevalier (5)
Qui remplissait le grade de *brassier*.
On en voyait en avant et derrière :
Baguette en main, un septuagénaire
Courbé, musqué, tenait les gants pliés
Par Béatrice à ses soins confiés.

Or, on régla cette cérémonie

Ainsi qu'il suit : L'aimable compagnie
Fut introduite en présence du dieu,
Lorsqu'il se fut rendu dans le saint lieu.
Un trône d'or s'élève dans l'enceinte :
Sur les contours son histoire est empreinte.
Mais aux regards Amour parut plus beau
Que des sculpteurs ne le fait le ciseau.
Jamais Miron, Phidias, Praxitèle (6)
N'ont approché d'un si parfait modèle.
En abaissant un front respectueux
Devant l'Amour, les trois dames des yeux
Eurent grand soin d'admirer sa figure,
Son ris malin, sa blonde chevelure.
Puis aussitôt, d'un regard de côté,
Furtivement l'ambassade eut noté
L'air et le port, les traits de sa compagne,
Si la beauté, la grâce l'accompagne.
L'une vers l'autre ensuite se tourna,
Profondément elle la salua (7).
Les cavaliers, dans un lieu magnifique

Furent conduits : une douce musique,
Par sa mollesse et ses accords vainqueurs,
Insinuait l'Amour dans tous les cœurs.
De beaux tableaux, décorant les murailles,
Offraient du dieu les nombreuses batailles.
On le voyait, frappant à coups pressés,
Environné de mourans, de blessés.
Ceux qu'il blessait avaient l'ame ravie :
Ses coups mortels donnaient une autre vie.
C'était de Paul l'arrangement pompeux (8),
De Raphaël le pinceau gracieux,
Et du Titien le coloris magique.

   Les cavaliers traversant le portique,
On fit asseoir sur des coussins moëlleux,
Devant l'Amour le congrès radieux.
La Volupté prit alors la parole ;
« Et dit que pour un caprice frivole,
« Pour s'agrandir sur des états voisins,
« L'ambition, passion des humains,

CHANT II.

« Soufflait chez eux la discorde et la guerre;
« Mais de la paix le lien salutaire
« Devait unir tous les mortels entr'eux
« Quant au plaisir qui, seul, les rend heureux.
« Ce sentiment, dicté par la nature,
« Elève l'ame : il l'échauffe, il l'épure.
« Le dieu voulait concilier les cœurs.
« Pour dissiper de funestes erreurs,
« De chaque dame au dieu d'amour son maître,
« Un exposé doit les faire connaître.
« Elles diront quels avis différens
« Des nations causent les différends.
« L'Autorité tenant la présidence,
« Leur devait bien donner la confiance
« Que, du congrès, les efforts fructueux
« Amèneraient des résultats heureux;
« Mais l'aspect seul des trois ambassadrices
« Au dieu d'Amour donnait de sûrs indices
« De l'intérêt que dans leurs nations
« Chacun prenait à ces discussions :

« Bien plus encor de leur choix la finesse,
« Faisait du goût voir la délicatesse. »

A ce discours, un mouvement soudain
Des trois beautés fit palpiter le sein :
Au mont Ida jadis, dans leurs querelles (9),
Ainsi battit le cœur des immortelles.
Ce n'était plus ici de la beauté
Le prix flatteur qui serait disputé :
L'esprit devait obtenir la victoire ;
Plus grande aussi résulterait la gloire ;
Car il vaut mieux que les plus grands attraits :
C'est notre bien : il touche de plus près.

Pour statuer quelle est l'ambassadrice
Qui doit d'abord se montrer dans la lice,
Trois billets sont dans une urne jetés ;
Par un amour, un moment agités,
Sa main bientôt les rend à la lumière :
C'est milady qui parle la première ;

CHANT II.

En second lieu, madame de Jasis
Sur le procès donnera son avis,
Et Madonna paraîtra la dernière.
Mais milady méditant la matière :
« Je n'aurai pas, dit-elle, en mon discours,
« Cet enjoûment auquel doit donner cours
« Et l'assemblée et l'auguste présence
« Du dieu puissant qu'en ces lieux on encense.
« Par-tout s'étend son empire adoré ;
« Mais son pouvoir est chez nous ignoré.
« O de notre île affreuse destinée !
« Est-ce donc peu qu'aux frimats condamnée,
« La nue épaisse et les durs aquilons
« Du dieu du jour lui cachent les rayons (10) :
« Faut-il encor que la froide Angleterre
« A ton empire, Amour, soit étrangère?
« L'empressement qu'on aime en son époux
« Est un trésor inconnu parmi nous.
« Pour nos avis on est sans déférence,
« Et pour nos goûts on est sans complaisance.

« Ces sentimens qui doivent être innés,
« Par l'amour-propre et l'art sont raffinés.
« Mais si l'on juge à sa galanterie
« Jusqu'à quel point l'Angleterre est polie,
« Que dira-t-on d'un Anglais? Je ne sais.
« A mes dépens ce que trop je connais,
« C'est qu'un mari, glacial, en silence,
« A nos côtés demeure en permanence;
« Et nous voyons, sans cesse renaissant,
« Ce supplice où, d'un triste embrassement,
« Jadis Mézence unissait une belle (11)
« Et d'un défunt la dépouille mortelle.
« Notre destin, dans la société
« Est plus cruel et non moins redouté.
« Quand des galans le mérite nous touche,
« Sur ce qu'on veut il faut clore la bouche:
« Ainsi Tantale, en plongeant dans les flots,
« De son palais voit s'éloigner les eaux (12).

« Si nos maris viennent à la veillée,

« Après le thé, délaissant l'assemblée,
« Ils s'en vont tous conférer à l'écart.
« Près d'un foyer, les dames, sur le tard,
« Sans dire mot se regardant entr'elles,
« Passent au wisk des heures éternelles.
« Quand nos désirs nous minent en secret,
« On pense, hélas! au public intérêt.
« Ici, d'un cœur l'attaque se combine :
« Là, d'un ministre on hâte la ruine.
« On en revient toujours avec chaleur
« Sur le café, le sucre et sa valeur.
« Des nations on maintient l'équilibre :
« On veut qu'à tous des mers l'accès soit libre.

« Dans les repas, c'est à nous de servir ;
« Et nos époux ruminent à loisir
« Avec les mêts leurs rêves politiques.

« Le voyageur aux îles britanniques
« A remarqué que le plus léger vent

« Qui, dans les airs, s'élève du levant,
« Produit chez nous un effet redoutable ;
« Mais en novembre il est insupportable.
« De l'hypocondre il accroît les ennuis :
« D'un voile obscur il couvre les esprits.
« Alors, on voit l'habitant, en silence,
« Traîner, rêveur, sa pénible existence,
« Et, s'isolant, comme son sol natal,
« Être souvent à soi-même fatal.

« Toujours le sexe à ce vent est en butte,
« Puisque l'ennui toujours le persécute,
« Même au Vauxhall, séjour délicieux,
« Fait pour donner l'image de ces lieux.
« Bien plus, l'ennui vient à la contredanse :
« Des cavaliers les pieds vont en cadence,
« Mais leurs regards sont encore soucieux.

« Je l'avoûrai, notre art industrieux
« Rend du Pérou la mine tributaire,

CHANT II.

« Et le Brésil enrichit l'Angleterre;
« Mais que nous sert d'entasser des trésors?
« Je donnerais tout le bien des milords
« Pour échanger de nos mœurs la rudesse
« Contre ce ton et cette politesse
« Qu'on voit ailleurs, et que nous n'avons pas.
« Navigateur aux plus lointains climats,
« Des toisons d'or lord Anson nous apporte (13).
« Pensera-t-il que cet exploit m'importe?
« J'aimerais mieux que cet autre Jason,
« Un héros qui, docile à ma leçon,
« Nouveau Thésée aborderait Cythère,
« Pour rapporter aux Anglais l'art de plaire.

« Enfin, Amour, que sert à nos maris
« D'être des Grecs et des Romains nourris,
« De se former sur leur mâle éloquence,
« Si de parler ils gardent l'abstinence?
« L'Anglais fit voir aux autres nations
« Des os du corps les dispositions,

« Analysa son ame et la matière :
« Il démontra la forme de la terre,
« Des astres vit les révolutions,
« Traça leur marche et leurs conversions;
« Il méconnaît la sublime science
« Qui doit sur-tout avoir la préférence :
« Il ne sait pas qu'Amour réparateur
« Verse aux mortels ce baume bienfaiteur,
« Qui se mêlant à sa boisson amère,
« Par sa douceur aisément la tempère.

« De tous ces maux nous devons les rigueurs
« A nos Catons, ces sévères censeurs
« De notre sexe et de sa gentillesse.
« Nos ennemis, ils répètent sans cesse
« Que de nos mœurs l'antique pureté
« Doit garantir chez nous la liberté ;
« Que par l'amour notre ame s'effémine;
« Que de nos lois il serait la ruine,
« Et qu'un Anglais doit nourrir dans son sein

« Des sentimens dignes d'un vrai Romain.

« Quel est le fruit de ce discours austère ?
« Lorsqu'il revient d'une cour étrangère,
« Un jeune Anglais, pour n'avoir pas les tons,
« La politesse odieuse aux Catons,
« S'en lave aux eaux du détroit britannique.
« Notre âpreté, par cette politique,
« S'en va croissant et nous fait le renom
« Que, dès long-temps, a notre nation.

« Si dédaignant les principes des sages,
« L'amant, parfois, nous offre ses hommages,
« Défions-nous de son style trompeur :
« Déjà sa belle est bien loin de son cœur.
« L'amour qui naît presqu'aussitôt expire ;
« Et le volage abjurant notre empire
« Court amortir dans les bras d'Arria
« Le feu subit allumé par Pirra. »

L'ambassadrice en cet endroit troublée,
Par son silence alarma l'assemblée ;
Mais d'un sel pur elle aspira l'esprit,
Et reprenant en ces mots son récit :

« J'en viens, Amour, à ce qu'il faudrait taire.
« Pourquoi ne puis-je en garder le mystère ?
« A Londre il est un quartier populeux,
« Jadis asile honorable et pieux.
« Mais, de nos jours, c'est le triste repaire
« Où de beautés un amas mercenaire
« De tes faveurs trafique à prix d'argent.
« Le sexe là se donne au plus offrant,
« Et là Bacchus profane avec scandale
« Tes saintes lois, ton culte et ta morale.
« De nos drapeaux le jeune déserteur
« Passe les nuits en ces lieux pleins d'horreur :
« Avec le vin, il boit, dans une orgie,
« L'entier oubli des devoirs de la vie ;
« Mais le soleil le voit, le jour suivant,

« Défiguré, pâle et tout chancelant.
« L'abattement empreint sur sa figure
« Montre aux passans sa nocturne luxure.

« Pour exalter ces scandaleux exploits
« On va citant je ne sais quelles lois.
« L'un, de Caton invoque les sentences :
« De son Horace, un autre dit les stances ;
« De ce poëte il vante les écrits,
« Tourment affreux de nos chastes esprits.
« Nous n'avons plus qu'à voir en république
« De ces Phrynés la cohorte impudique (14) ;
« En Angleterre, elle a, m'assure-t-on,
« Trouvé déjà son moderne Platon.
« Ainsi bientôt le marbre sur les places,
« De nos Flora détaillera les grâces (15) ;
« Comme jadis chez les Grecs, les Romains,
« Quand la débauche eut rompu tous les freins.

« De leurs travers la suite inévitable

« Devrait du moins au culte véritable
« Ramener ceux qui, de l'erreur martyrs,
« Par la douleur ont payé les plaisirs.
« Nous ne pouvions concevoir aucun doute
« Que trop long-temps, loin de la droite route,
« En y rentrant les amans égarés
« A la vertu ne fussent pas livrés.
« Mais jusqu'où va des hommes la malice !
« De leurs méfaits leur adresse complice
« Dans les périls assure tous leurs pas :
« Ainsi Minerve, au milieu des combats,
« Se garantit en ceignant son égide (16).
« L'homme, dès-lors, eut le vice pour guide,
« Et, sans remords, sûr de l'impunité,
« Il s'abandonne à sa perversité.

« Qu'avec éclat figure dans l'histoire,
« De Charles-Deux le siècle plein de gloire (17)!
« La nation fut toujours, en ce temps,
« Crainte au dehors et puissante au dedans.

« L'Amour avait ses maximes prescrites :
« On n'en pouvait dépasser les limites.
« Le règne d'Anne amena vers sa fin (18)
« Des vrais amours le rapide déclin.
« En même temps changea la destinée :
« De nos exploits la course fut bornée.
« De Marlborough les éclatans succès (19)
« Sont les derniers obtenus des Anglais,
« Et cette boucle à Bélinde enlevée (20),
« Des mœurs d'alors la peinture achevée,
« Produit l'effet que sur les nations
« De l'âge d'or font les descriptions.

« Quand du cahos jaillira la lumière
« Qui doit percer les frimats d'Angleterre,
« Et quand, Amour, jouirons-nous aussi
« Du doux attrait d'un amoureux souci ?
« Viens, aujourd'hui, confonds, dans ta colère,
« De nos Phrynés l'audace mercenaire.
« Inculque à tous les préceptes vainqueurs :

« Dresse ton temple au milieu de nos cœurs.
« Alors notre île, aux ennuis condamnée,
« Sera vainement une île fortunée.
« Mais si toujours, refusant tes douceurs,
« L'Anglais persiste à garder ses erreurs,
« Fais voir à tous, par son juste supplice,
« Quel est, Amour, l'effet de ta justice ;
« Et souviens-toi que pour un coup d'éclat,
« Qui réfléchit ne peut régir l'Etat. »

De milady tel fut le ton sévère.
Des pleurs auraient humecté sa paupière ;
Mais, dans ses yeux, sa mâle fermeté
Les retenant, épargna sa fierté.

FIN DU CHANT DEUXIÈME.

CHANT TROISIÈME.

Chez les mortels un sentiment intime
Des plus beaux faits jadis moteur sublime,
Sous les deux noms d'amour et d'amitié
Tenait chacun l'un à l'autre lié;
Mais de nos cœurs désormais il s'efface,
Et, dans le monde, il a cédé sa place
A l'amour-propre, offensant pour autrui,
Par qui toujours on se préfère à lui.
Par l'amour-propre, une femme frivole
Est, sans rivaux, d'elle-même l'idole.
A ses côtés sont assis l'Intérêt
Calculant tout jusques au bien qu'il fait :
L'Ambition qui près des grands s'empresse,
En est jalouse et pourtant les caresse
Pour obtenir des cordons, des honneurs.
Si l'amour-propre est maître de deux cœurs,
Il en bannit à jamais la tendresse :

Il les unit, mais sans délicatesse,
Par la fortune ou par la vanité.
Il ne saurait être assez détesté.
De milady toutefois l'éloquence,
Par amour-propre ou par impatience,
Avait lassé madame de Jasis.
Son tour venu, ses sens furent saisis;
Elle fit bien pourtant sa révérence,
Balbutia d'un air de nonchalence,
Et dit : « Mon cœur a dès long-temps rendu
« A la fortune un hommage assidu
« Pour m'avoir fait naître au sein de la France.
« Plus grande encor est ma reconnaissance,
« Lorsque j'entends milady rapporter
« Tous les griefs qu'elle vient de citer.
« Tu réservas, Amour, pour nos blessures,
« De ton carquois les flèches les plus sûres;
« Et, je le crois, en ces lieux, au congrès,
« Tu statûras que du rit des Français,
« Les nations doivent prendre l'usage,

« Comme on a pris, leurs modes, leur langage.

« Mais le dirai-je, Amour, nous méritions
« D'être l'objet de tes affections.
« En quels écrits a-t-on de ton histoire
« Retracé mieux les hauts faits et la gloire?
« Sur notre scène, école du bon goût,
« On te couronne et tu sièges par-tout,
« Et nos auteurs, aux nations lointaines,
« Ont fait passer ton nom avec tes chaînes.
« Je me tairai sur ces joyeux festins
« Où tu nous tiens des propos libertins.
« A ton triomphe, opportuns et propices,
« Ils font souvent tes plus chères délices.

« De ta pratique, Amour, est écarté
« Ce qui pourrait gêner ta liberté :
« De même aussi des cercles est bannie
« Chez les Français toute cérémonie.
« De notre joie importuns ennemis,
« Aux étrangers nous laissons ces ennuis,

« Ou nous chassons leur cohorte abhorrée
« Chez les lecteurs de Cassandre et d'Astrée (1).
« Aussi, dit-on, qu'on ne vit qu'à Paris,
« Et qu'on végète en tout autre pays.

« C'étaient jadis d'impertinens modèles
« Que ceux donnés par nos couples fidèles.
« Dans leurs discours ils n'en finissaient pas,
« Et leur ardeur se passait en débats.
« Ils s'arrêtaient à de vaines chimères,
« A leurs soupçons, à leurs peines amères,
« Style gothique et digne de ces temps
« Où l'Amour même avait ses parlemens.
« Un beau trépas, subi par métaphore,
« Le désespoir, le feu qui nous dévore,
« Notre prison et nos chagrins cuisans,
« Et les combats que nous livrent les sens,
« Du cœur épris ne sont pas le langage,
« Ton style, Amour, est plus pur et plus sage (2).

CHANT III.

« Voudrions-nous qu'en sa course arrêté
« Dans l'art d'aimer l'homme fut rebuté,
« Quand de nos jours la facile influence,
« Rend libre à tous l'accès de la science ;
« Lorsque tenant la lyre et le compas,
« La même main les meut sans embarras (3)
« Quand nos beautés, sur le cours des planètes,
« Avec Newton jasent à leurs toilettes (4) ?

« Certes, ceux-là tomberaient dans l'erreur,
« Qui tenteraient d'analyser le cœur,
« Et qui voudraient juger d'un poids sévère
« L'objet qu'on aime et son talent de plaire,
« En soutenant qu'une inclination
« Doit résulter de la réflexion.
« Infortunés, leur but est la sagesse :
« C'est du plaisir qu'il faut chercher l'ivresse.
« De l'amitié le feu naît lentement,
« Mais l'amour prompt veut un embrasement.
« Entre deux cœurs il est des sympathies :

« Lorsqu'une fois ils les ont ressenties,
« Nous les voyons, l'un vers l'autre entraînés,
« Par des élans subits et spontanés.

« Eh! quelle dame aimant l'usage antique,
« Tiendrait assez à sa vaine pratique,
« Pour n'être pas d'un autre sentiment,
« N'eût-elle même entrevu qu'un moment
« Les dons heureux d'un jeune homme à la mode!
« Fût-il jamais plus brillante méthode?
« De Mars lui-même il est le favori :
« En lui Vénus croit voir son fils chéri.
« C'est d'Apollon qu'il apprend la cadence :
« Par Therpsicore il se forme à la danse.
« Le dieu du goût le dirige, l'instruit,
« Et les neuf sœurs ont orné son esprit.
« Il fait des mots, compose un mélodrame;
« D'un trait piquant, il arme une épigramme;
« Il brille encor dans nos joyeux repas :
« On n'est point gai s'il ne s'y trouve pas.

CHANT III.

« Que peut, Amour, juges-en par toi-même (5),
« Notre sagesse en ce péril extrême?
« Mais sans compter que lorsque nous cédons,
« C'est au mérite un prix que nous rendons,
« Il est encore de notre jouissance
« D'accélérer notre condescendance.

« Tu sais, Amour, ces temples honorés
« Dont à Paris nos murs sont entourés ;
« Loin du tumulte et des regards vulgaires,
« Là tes élus pratiquent tes mystères.
« En s'unissant pour embellir ces lieux,
« Le luxe et l'art rivalisent entr'eux.
« De notre goût, c'est la galanterie,
« C'est la mollesse et les parfums d'Asie.
« Tu trouves là des bosquets écartés,
« En cent façons des autels ajustés.
« Quand la beauté rangée en galeries
« S'est un moment assise aux Tuileries,
« A l'Opéra lorsque nos jeunes gens

« L'ont vu sourire à leurs propos galans,
« Elle s'en va, dans l'ombre et le silence,
« Vers le saint temple où son ardeur t'encense.
« La Volupté présidant en ces lieux,
« Varie, arrange, ordonne tout au mieux,
« Et chaque jour, sans épine cruelle,
« On te présente une rose nouvelle.

« Je sais fort bien qu'un amant indiscret,
« De nos faveurs évente le secret,
« Qu'à ses amis, s'il n'en fait confidence,
« L'amour pour lui n'a pas de jouissance.
« De son ardeur, c'est un soulagement ;
« De vanité ce n'est qu'un mouvement
« Dont notre sexe est la cause première :
« Qu'il se pardonne une faute légère !

« Mais chez l'Anglais que le joug redouté
« N'a point appris à vivre en liberté,
« Qui se tourmente et nous offre l'image

CHANT III.

« De l'onde amère environnant sa plage,
« Des vrais plaisirs connaît-on la douceur,
« S'ils ne sont point partagés par le cœur?
« Quels plaisirs vrais règnent dans ces contrées
« De l'Apennin, des Alpes entourées,
« Si d'un époux, sans cesse raffinant,
« Les noirs soupçons qui le vont dominant,
« Mèlent le fiel de leur bizarrerie
« Aux doux soucis, seul charme de la vie?
« Pour lui l'amour, changeant d'extérieur,
« Va de la haine emprunter la couleur.
« Né dans le sein de la délicatesse,
« De la raison et de la politesse,
« Chez nos Français l'amour est un lien
« Qui des amans fait le souverain bien.
« C'est un commerce où chacun d'eux apporte
« Avec l'esprit l'ardeur qui le transporte.
« Ainsi l'on fait renaître le désir
« Qui reproduit à son tour le plaisir.
« Mais le dégoût, de sa funeste atteinte,

« Des cœurs unis ne rompt jamais l'étreinte.
« Pour nous sauver de la satiété,
« Nous recourons à la sincérité.
« L'amour qui naît aussitôt se déclare :
« Lorsqu'il s'éteint, sans haine on se sépare.
« Vous qui d'objets ne voulant point changer,
« Blâmez encor l'amour d'être léger,
« Cessez, cessez vos plaintes éternelles :
« C'est pour voler que l'Amour a des ailes.

« Au papillon, en donnant un soupir,
« La rose entend les propos de Zéphir.
« Belles, suivez l'exemple de la rose,
« Est-ce jouir qu'aimer la même chose ?

« La Seine vit, sur ses bords séduisans,
« Les paladins abonder de tout temps.
« Reine du monde, au gré de son caprice,
« La mode à l'un, en se montrant propice,
« Du premier rang lui donne les honneurs.

CHANT III.

« Lorsqu'il paraît, il enchaîne les cœurs :
« On l'applaudit, en tous lieux on l'admire,
« Et la beauté s'empresse de sourire.
« Mais s'attachant à la variété,
« La mode encore chérit la nouveauté,
« Et ce galant, naguère notre idole,
« A son rival bientôt elle l'immole. »
Tel j'aperçois ce globe transparent
Que dans les airs fait voler un enfant :
Il a d'Iris les nuances légères ;
Mais cet éclat de beautés passagères,
C'est par un souffle, hélas ! qu'il fut produit,
Et par un souffle il est encor détruit.

« D'amans légers nous taxe le vulgaire :
« Au moindre vent nous changeons de manière ;
« Mais qui voit bien juge différemment,
« Et tel n'est pas, Amour, ton sentiment.
« Tu nous tiendras pour suivre avec constance,
« De tes avis la divine observance.

« Changer d'amours, n'est-ce pas, plus souvent,
« Rendre à l'Amour un culte plus fervent ?

« Ovide qui, par sa galanterie,
« Eût mérité de naître en ma patrie,
« De l'art d'aimer, dans son code, par fois,
« A su tracer les véritables lois :
« Du sentiment y brille la finesse,
« Et son goût pur a la délicatesse
« Qui distinguait les antiques Romains :
« Il l'emporta sur ses contemporains.
« Je conviendrai qu'il mérita peut-être
« Par son esprit de leur parler en maître :
« D'Amour d'ailleurs, adorateur discret,
« Il pratiqua ce que son art dictait ;
« Mais le destin réservait à la France
« L'achèvement d'une telle science.
« C'est elle qui, par son invention,
« Concilia le cœur et la raison.
« Même à l'Amour, prêtant de nouveaux charmes,

CHANT III.

« Elle augmenta le pouvoir de ses armes.
« De cette plante, adroit cultivateur,
« L'heureux Français, d'un feu conservateur,
« En émondant les rameaux inutiles,
« Vivifia les branchages fertiles.
« Dès-lors couverte et de fleurs et de fruits,
« De ses travaux elle paya le prix.

« A nos efforts nous te vîmes sourire,
« Dieu qui souvent délaisses ton empire,
« Et viens siéger au milieu de Paris,
« Avec Minerve, Apollon et les Ris !
« Tu ne pourras de ta sollicitude,
« A l'univers donner la certitude,
« Qu'en lui portant notre code galant,
« Et de nos mœurs le vernis élégant.
« Que dans les lieux où n'est point cimentée
« De nos exploits la gloire méritée,
« L'on voye ainsi priser notre bon goût,
« Et qu'avec lui s'établisse par-tout

« De t'honorer la forme salutaire,
« Par qui toujours le Français t'a su plaire. »

En finissant, madame de Jasis
Vit le conseil l'approuver d'un souris.

FIN DU TROISIÈME CHANT.

CHANT QUATRIÈME.

Le monde est plein de charlatans capables,
Pour le tromper toujours infatigables.
L'un, emphatique et fier en son débit,
Parle beaucoup sans savoir ce qu'il dit.
N'importe : il parle et rien ne l'inquiète :
Pourvu qu'il ait plus de front que de tête,
Substituant les prestiges aux faits,
Il peut créer de merveilleux effets.
C'est par le bruit qu'on impose au vulgaire.
Un autre va, s'entourant du mystère,
Silencieux, réfléchir à l'écart,
Et composer sa figure avec art.
Son air est sombre et son œil est farouche ;
Veut-il parler, il ne sort de sa bouche
Qu'une sentence, un avis qui fait loi :
Le plus souvent en garde contre toi,

Il cachera sa stupide ignorance
En observant un obstiné silence.
Qu'en advient-il? c'est qu'il est révéré
Comme profond par un homme éclairé.

Or Madonna, telle qu'une matrone,
Sut composer son style, sa personne,
Et dit : « Long-temps mon esprit incertain
« Examina s'il devait être vain
« D'avoir fixé le choix de l'Italie,
« Ou bien du soin que son amour me fie.
« Si par instans l'éclat de mon emploi
« Avait levé tous les doutes en moi,
« De mes talens, soudain l'insuffisance,
« D'autres soucis troublait ma conscience.
« Ainsi les flots, combattus par le vent,
« Vont en arrière et viennent en avant.
« Je voulais donc à de plus forts remettre
« Un poids trop lourd qui m'eût pu compromettre,
« Quand il me vint une réflexion

« Qui détruisit mon hésitation.
« Je me suis dit, Amour, qu'en ta présence
« J'allais parler pour prendre ta défense ;
« Que je devais, comptant sur ton secours,
« M'abandonner au fil de mes discours.
« Selon ton gré, d'un chalumeau rustique,
« Tu fais sortir la plus docte musique :
« Je t'en supplie, inspire mes accens (1),
« Si dans ta cause ils étaient impuissans.

« Depuis long-temps, est-ce la malfaisance,
« Ou bien du sort la maligne influence,
« Fils de Vénus, des abus scandaleux
« Se sont glissés dans le culte amoureux ;
« Et plaise au ciel que toujours on t'adore !
« Sur tes autels la myrrhe fume encore ;
« Mais tu pourras manquer d'adorateurs,
« Tant sont nombreux les pervers suborneurs,
« Tant nos amans s'abandonnent aux vices !

« De tous nos maux je trouve les indices
« Dans ces tableaux éloquens et nerveux,
« Par milady déployés sous tes yeux ;
« Et je les vois, dans la douce manie,
« Où de Madame a brillé le génie.
« De cette source ont émané les eaux
« Qui vont couvrir nos plaines de leurs flots,
« Et déposant des couches sablonneuses,
« Ont désolé nos plantes malheureuses.
« Là, de l'Amour le temple est déserté :
« Par le profane, il est ici hanté.
« Là, de l'Egypte embrassant les systèmes,
« On sacrifie aux vils animaux mêmes :
« Ici, des Grecs le culte est adopté,
« Et l'attribut de l'homme est transporté
« Aux dieux qu'il forge au gré de ses caprices,
« Auxquels il voit ses vertus et ses vices.
« Si des Anglais les coupables erreurs
« Ont parmi nous trouvé des sectateurs,
« De la Raison un rayon salutaire

« Frappant leurs yeux, leur rendra la lumière ;
« Mais nos efforts n'auront aucun succès
« Pour extirper les leçons des Français.
« En peu de temps, leur perfide doctrine
« Profondément a jeté sa racine.
« *Plaisir sans peine* est l'attrayant dicton
« Que cette école a mis sur son fronton.
« L'accès du temple est commode et facile :
« Des ornemens couvrent le péristile ;
« Armide, Alcine et leur art enchanteur (2),
« N'ont rien produit qui parût si flatteur.
« Bientôt aussi tout étonnement cesse,
« Alors qu'on voit la foule qui s'empresse
« De promener ses flots adulateurs,
« Sous le parvis des modernes docteurs ;
« Et les mortels, séduits par l'apparence,
« Des plaisirs faux chercher la jouissance.
« Mais quels pensers ont conçus leurs esprits
« De ces plaisirs exempts de tous soucis ?
« C'est seulement, par son effet contraire,

« Que d'un objet le don nous est prospère.
« Quand près de nous est l'amant adoré,
« En jouit-t-on s'il n'en fut séparé?
« Le Dante a dit : *Plus le cœur nous enchaîne,*
« *Plus nous sentons le plaisir et la peine* (3).

« Il ne voit pas, ce Français novateur
« Qui de l'Amour se fait réformateur,
« Il ne voit pas qu'en bannissant les larmes,
« Et les soupirs et les douces alarmes,
« Il nous ravit nos plaisirs les plus grands ;
« Que ces soupirs, ces pleurs et ces tourmens
« Ont des attraits lorsque l'on considère
« Le prix flatteur qu'en aimant on espère.
« Mais pourrions-nous en perdre le savoir,
« Nous dont l'esprit, Amour, a le pouvoir
« De s'élever, par ton intelligence,
« A ces plaisirs qui par leur jouissance
« Nous ont nourris, mais non rassasiés ?
« D'un feu qui tient les cœurs extasiés,

CHANT IV.

« N'en doutons pas, l'origine est céleste;
« Et son éclat assez le manifeste.
« Il éblouit nos regards étonnés,
« Quand, ici-bas, deux esprits fortunés,
« Jadis errant aux voûtes éthérées,
« Sont par le sort unis dans nos contrées.
« Ainsi nos cœurs recherchent, en aimant,
« L'objet chéri d'un premier sentiment;
« Et pénétrés de leur sainte origine,
« Veulent monter vers leur source divine.
« Une ame à l'autre adresse les rayons
« Qui l'éclairaient aux hautes régions :
« L'amant frappé de leur délicatesse,
« Sait de son choix arrêter la finesse
« Sur des attraits, vive image des cieux :
« D'autres pour lui ne sont pas précieux (4).

« Ces vérités par Platon signalées,
« Long-temps après nous furent rappelées.
« Dante et Pétrarque, en leurs écrits divins (5),

« Les enseignaient à leurs contemporains.
« Pour sa Bicé, l'un fit briller sa flamme (6) :
« L'autre vingt ans conserva dans son ame,
« De Laure éteinte, un constant souvenir (7).
« Pendant sa vie, il savait la chérir;
« Il la perdit, et son luth, avec gloire,
« Eternisa de Laure la mémoire.
« Les plus savans, à ces rares esprits,
« Furent contens de concéder le prix ;
« Mais après eux, pur et rempli de grâce,
« Messer Bembo tient la première place (8).
« Il sut montrer aux amans incertains,
« Par de brillans et légers Asolains (9),
« L'étoile qui, sur la mer amoureuse,
« Dirigerait leur course hasardeuse.
« Amour, c'est toi qui dictas leurs écrits ;
« Et ces auteurs, de ta morale épris,
« En écartant tout précepte frivole,
« Ont fondé seuls la véritable école.
« Elle bannit cet amour enfanté

« Par la débauche et par l'oisiveté (10),
« Qui dominait en tyran sur la terre,
« Et nous donna cet amour salutaire
« Qui nous a fait, auprès de la beauté,
« Chercher le beau de toute éternité,
« Miroir vivant du suprême architecte,
« Et mépriser cette enveloppe abjecte
« Qui nous revêt et finit avec nous.
« Nous avons pris nos passions, nos goûts,
« Dans la vertu toujours une, immuable,
« Non dans la mode en ses tons variable,
« Qu'on voit changer d'allures et de nom
« Comme Protée ou le caméléon.
« Si la vertu chez nous les alimente,
« C'est d'un amant la foi qui les augmente,
« C'est son ardeur, son abnégation,
« Et sa constance et sa soumission.
« Loin de nos cœurs les amours périssables !
« Nous ne voulons que des liens durables,
« Et dont le cours, dans leur stabilité,

« Du trépas seul puisse être intercepté (11).
« Mais au profane est-il besoin de dire,
« Que par Iris son tendre amant respire ?
« Présente, absente, il la voit en tous lieux;
« La nuit encor la produit à ses yeux.
« Lorsqu'il a fait une action louable,
« A son Iris il en est redevable.
« S'il prétendait expliquer son ardeur,
« Ce serait faire outrage à sa pudeur.
« Par un regard assez l'on récompense,
« En son amant, trois lustres de constance (12).
« Il est du cœur un délicat plaisir :
« Du sentiment c'est de faire jouir
« L'adulte mûr, de qui l'esprit devance
« Du cours des ans la lente expérience ;
« Et le vieillard, dont l'ame en liberté,
« Des sens en soi régit l'impureté.

« Mais ce qu'en vain ici je voudrais taire,
« Et ce dont nul ne peut faire un mystère,

CHANT IV.

« C'est, dieu d'Amour, la réputation,
« Et de l'honneur cet antique renom
« Que des amans véritables, fidèles,
« En nos climats laissèrent à leurs belles.
« Leurs noms chantés sur le luth amoureux,
« Sont toujours chers aux mortels vertueux.
« Le temps encor a fermé leur paupière :
« Elle est pourtant ouverte à la lumière.
« Mais les regrets, la honte et le mépris,
« D'un cœur impur sont le trop juste prix.
« Quand l'impudeur, l'inconstance l'entraîne,
« Des sens plus forts l'homme porte la chaîne :
« De la raison le vice destructeur
« Peut seul remplir le vide de son cœur.

« O du destin, nature périssable,
« Mobile alors qu'il faudrait être stable !
« Dans l'âge heureux où Bembo florissait,
« Des dons du ciel notre sol jouissait.
« Il posséda les Muses protectrices,

« Et les beaux-arts y firent nos délices.
« Dante et Pétrarque eurent des successeurs :
« L'Amour trouva de zélés défenseurs.
« Dans leurs écrits le style, l'harmonie,
« Semblaient produits par un même génie :
« Le même cœur inspirait leurs accens ;
« La même main traça leurs sentimens.
« Alors brillaient, par leur mérite rare,
« Les Colonna, les Quirine, Gambare (13),
« Réunissant à leur grande beauté
« La paix de l'ame, et tant de pureté
« Que constamment à l'amour inflexibles,
« Leurs cœurs jamais ne devinrent sensibles.
« Nos souverains, érotiques auteurs,
« De maint Lycée étaient les fondateurs.
« Des beaux esprits la subtile éloquence,
« Là, de l'Amour, expliquait la science.
« On discutait, sans fiel, avec clarté,
« Quel droit chemin mène à la vérité.
« Nous enviant un destin si prospère,

CHANT IV. 65

« Le ciel coupable à nos yeux fut contraire :
« De l'Italie, Apollon fut chassé,
« Et l'art d'aimer tout-à-coup renversé.
« La faute en fut, je n'en fais aucun doute,
« Aux beautés qui, ne suivant plus la route,
« Où Bicé, Laure avaient marqué leurs pas,
« En déviant ne s'aperçurent pas,
« Qu'à ses devoirs le poète infidèle,
« Ne suivrait plus Pétrarque pour modèle.

« Mais je m'arrête aux malheurs de ce temps,
« Lorsque plus durs les nôtres sont récens !
« C'est encor peu que le ciel, dans sa haine,
« Sur l'Italie avec péril déchaîne,
« De l'ours glacé les systèmes divers,
« De l'orient les exemples pervers ;
« Ses propres fils, de la mère-patrie,
« Mordent aussi le sein avec furie.
« S'ils le pouvaient, dans leur désir du mal,
« Ils souilleraient l'honneur national.

« Nous les voyons, au mépris de l'usage,
« Faire des mots un choquant assemblage,
« Prendre en amour des tons impertinens,
« Qui, de la cour, sont bannis de tout temps.
« Plus d'un mari, dans ses sottes manières,
« S'asservissant à des mœurs étrangères,
« Semble rougir du climat fortuné
« Où le destin a voulu qu'il fût né ;
« Du beau pays que l'Apennin couronne,
« Et que la mer de ses flots environne (14),
« Qui, du bon goût, devint l'asile heureux,
« Porta par-tout son bras victorieux,
« A l'univers fit parler son langage,
« Donna les arts et ses lois en partage.

« Fils de Vénus, prête, mon doux seigneur,
« A tes élus une nouvelle ardeur ;
« Qu'à leurs côtés se range l'Italie,
« Et qu'à ta loi leur zèle se rallie.
« Que désormais, abjurant son erreur,

CHANT IV.

« L'Italien soit rempli de ferveur !
« Confonds, enfin, l'orgueil de la cabale,
« Et de Platon rappelle la morale :
« Il mérita le titre de divin,
« Et, l'on a dit, qu'avec cet écrivain,
« Bien mieux valait l'erreur que la lumière.
« C'est par lui seul, puissant dieu de Cythère,
« Qu'on connaîtra la pureté des feux
« Qui, s'allumant dans le plus haut des cieux,
« Par la pudeur sont nourris sur la terre,
« Et tempérés par un soupir austère.
« L'Anglais repaît d'un plus grossier appât
« Son amour brusque et trop peu délicat ;
« Et du Français la languissante flamme,
« Au moindre vent, s'amortit dans son ame :
« Ainsi l'on cherche un fantôme trompeur,
« Lorsqu'on n'a point la robe de candeur,
« Dont nous revêt la puissance éternelle :
« Par elle seule on a l'ardeur réelle

« Qui, détachant des plaisirs vils et bas,
« Droit vers le ciel dirige tous nos pas (15). »

Ici se tut madonna Béatrice ;
Mais quand parlait l'auguste ambassadrice,
Plus d'une fois madame de Jasis
Avait donné libre cours à ses ris.
Son éventail, par un rempart propice,
A Madonna dérobait sa malice.
La belle Anglaise avait gardé toujours
La gravité qui dicta son discours.

Le dieu d'Amour se lève sur son trône,
Et le congrès, au signal qu'on lui donne,
Respectueux, se retire à l'écart.
Un jeune amour s'élance comme un dard ;
Sur un autel, d'une gomme embaumée,
Jette les grains dont l'épaisse fumée
En remplissant la voûte du saint lieu,
Cache aux regards la présence du dieu.

CHANT IV.

Mais le conseil attendait en silence,
Ce que d'Amour statûrait la Prudence,
« Lorsqu'il lui dit que par la Volupté
« Le bon avis avait été dicté :
« L'effet assez le donnait à connaître ;
« Pour l'ambassade, elle avait fait paraître
« Tous les abus dans son culte introduits.
« L'opinion partageait les esprits ;
« Quoique chacun désirât en partage,
« (Et l'ignorant aussi bien que le sage)
« Plaisirs d'amour, on leur voyait tenir
« De faux sentiers voulant y parvenir ;
« Car celui-là d'un faux calcul se berce,
« Lorsqu'il en fait un objet de commerce :
« Contre l'Amour, l'Amour doit s'échanger.
« A son vrai culte est encore étranger,
« Cet amant qui, dans son humeur volage,
« A vingt beautés court offrir son hommage.
« Il ne saurait couler des jours heureux :
« Pour qu'on le croie, il abuse les yeux.

« Aucun des mêts auxquels à peine il touche,
« Ne peut avoir de saveur à sa bouche.
« Il voit de même, éloigné du plaisir,
« Celui qui pense alors qu'il faut sentir :
« Le sillogisme est pour lui plein de charmes ;
« Dans son carquois l'Amour choisit ses armes.
« L'homme n'était en proie à tant d'erreurs,
« Qu'en écoutant les avis suborneurs
« Que lui donnait la Raison ennemie,
« Sans cesse prête à tourmenter sa vie.
« Si la nature avait guidé ses pas,
« D'aussi grands maux ne l'affligeraient pas.
« La Volupté doit achever l'ouvrage
« Qu'elle entreprit avec tant d'avantage :
« Elle dira quels principes constans,
« Ont de l'Amour assis les fondemens ;
« Elle aura soin sur-tout, qu'en traits de flamme,
« L'homme les garde inculqués dans son ame ;
« Qu'on soit d'accord sur le but de ses vœux,
« Comme sur l'art de devenir heureux.

CHANT IV.

« L'homme égaré suit une fausse route :
« La Volupté le guidera sans doute
« En répandant des fleurs sur son chemin,
« Et la Raison résisterait en vain. »
A son conseil Amour tint ce langage :
Il applaudit un discours aussi sage.

FIN DU QUATRIÈME CHANT.

CHANT CINQUIÈME.

Le dieu d'Amour a dit sa volonté :
Pour l'accomplir, déjà la Volupté
Se rend auprès des dames éloignées,
Et les ramène aux places assignées ;
Puis, à sa voix, par la Témérité,
Des cavaliers le cortège écarté,
Est introduit au sein du sanctuaire.
La Volupté remplit ce ministère,
Puis, souriant, vint se mettre à son tour
Aux pieds du trône où présidait l'Amour.
Elle parlait avec la mélodie
Des instrumens de la molle Ionie (1).

« O vous, dit-elle, à qui votre bonheur
« Et l'art de plaire ont mérité l'honneur
« D'une ambassade à l'île de Cythère,
« Pour le rappel de l'Amour sur la terre ;

« Et vous aussi, mortels non moins heureux,
« Que le dieu daigne admettre dans ces lieux,
« Recueillez bien ce que je vais vous dire :
« Le dieu m'agite, il m'échauffe, il m'inspire :

« Choisir ta belle est hors de ton pouvoir :
« C'est l'Amour seul qui te la fera voir,
« Quand ton esprit en sera moins en peine.
« Avec orgueil tu porteras sa chaîne.
« De Therpsicore elle a le pas brillant,
« Et son organe a la douceur du chant.
« C'est de Vénus la grâce, la figure,
« Et de Junon la superbe stature.
« Elle te plaît, elle a tous les talens.
« Tu peux tenter les moyens différens
« De captiver le cœur de cette belle.
« Flatte ses goûts, pense toujours comme elle :
« D'un esprit fin veut-elle le renom,
« De Mélanite accorde lui le nom.
« Si des beaux vers la lecture l'amuse,

« Dis-lui qu'elle est une dixième Muse ;
« Et si son œil est un peu de côté,
« De son regard vante la fixité.
« Avant l'Amour était né l'amour-propre.
« Mais de Chloé trouve le style impropre :
« Arsinoé n'a point de belles dents ;
« La prude Iris ne hait pas les galans.
« La belle induit de ce qu'elle entend dire,
« Qu'on blâme ailleurs ce qu'en elle on admire.

« Du moindre objet dont son cœur soit épris
« Pour lui complaire exalte tout le prix ;
« Flatte Zéphir, que ta main le caresse :
« Il est rempli d'instinct et de souplesse.
« Tel fut ce chien qui, la nuit, sans erreur,
« De l'amoureux distinguant le voleur,
« Sut aboyer, se taire avec adresse,
« Plut à son maître, et plut à sa maîtresse (2).

« Dans ses propos lui nier le bon droit,

« C'est le fait seul d'un amant mal-adroit
« Soumis d'abord à ce qui peut lui plaire ;
« Sers, pour venir au pouvoir arbitraire.

« L'art qui préside à son ajustement
« Est pour le sexe un objet important.
« Mais la parure à l'homme est inutile :
« Du négligé qu'il adopte le style.
« Mars (3) est guerrier, Adonis est chasseur (4) :
« Que de Narcisse ils n'aient point la fadeur (5).
« Sur sa toilette, exempt d'inquiétude,
« Un homme doit se livrer à l'étude.
« L'art d'Apollon, par de brillans succès,
« De son amour hâtera les progrès.
« Ton vers naïf aura le don de plaire
« S'il est du cœur l'expression sincère ;
« Mais garde-toi du style du vieux temps,
« Et des grands mots qui sont vides de sens.
« Amuse encor par des historiettes,
« Des traits plaisans et mille autres sornettes.

« Par la gaîté tu te feras aimer :
« On te croira quand tu sauras charmer.
« Parler d'amour à l'objet qu'on encense,
« C'est en amour manquer d'intelligence.
« Il faut d'abord, utile à ses plaisirs,
« Le récréer, occuper ses loisirs.
« Tu lui deviens aussitôt nécessaire.
« On pense à toi quand on est solitaire :
« C'est quelque chose, et quand on pense à toi,
« Importe-t-il et comment et pourquoi ?
« T'aperçois-tu qu'on aime ta présence,
« Cherche dès-lors un prétexte d'absence ;
« Sois en troublé comme d'un grand malheur :
« Rien ne saurait égaler ta douleur.
« Un long voyage à l'amour est contraire ;
« Mais s'il est court, il devient salutaire.
« Par quelques mots, au hasard projetés,
« Rappelle-lui qu'il est d'autres beautés,
« Dont les attraits sont bien dignes de plaire.
« Excite en elle une aimable colère ;

CHANT V.

« Que l'amour-propre, aigri par ce détour,
« Conjure ainsi pour servir ton amour :
« Contre le sexe use de sa malice.

« Il est encore un heureux artifice.
« Par un billet on sauve à la pudeur,
« D'un doux aveu l'importune rougeur.
« L'œil complaisant est satisfait d'apprendre
« Ce que l'oreille eût refusé d'entendre.
« Un fait, un geste est l'objet d'un écrit,
« Et même un mot que l'on n'aura pas dit.
« L'amant sincère en prétextes abonde :
« Que si parfois, elle boude, te gronde,
« Et te défend d'inutiles discours,
« Sans te lasser, entretiens-la toujours.
« Aie en partage une gaîté facile,
« Et que la grâce embellisse ton style.
« Auteur discret garde à Mononesta,
« Ou bien encor pour Arétafila,
« La période avec pompe tournée,

« Par l'antithèse en son cours terminée.
« Toutes les deux elles ont adopté
« La forme antique et sa banalité.
« Il faut de loin qu'un amant les assiège,
« Et qu'il combine assez bien son manège
« Pour préparer, par un premier poulet,
« A leur défaite un siècle de délai.
« C'est l'ennemi que ton bras doit abattre
« Qui t'apprendra la façon de combattre ;
« Mais souviens-toi que jaloux de ses droits,
« L'Amour enfin lui dictera ses lois.
« Ne vas donc point, soupirant sans adresse,
« Sur un refus quitter une maîtresse.
« Rappelle-toi la grotte de Didon (6)
« Et l'antre cher au cœur d'Endymion (7).

« J'en connais qui, d'une beauté sévère
« Voulant à bout mettre l'humeur austère,
« Sans vain scrupule, en faveur des Amours,
« Ont de Lisette imploré le secours.

CHANT V.

« De sa maîtresse elle est la conseillère :
« De ses secrets elle est dépositaire.
« Elle connaît le tour de son esprit :
« En la flattant elle acquiert du crédit.
« Point de Lucrèce aux yeux de sa soubrette ;
« Quand d'un galant sa bouche est l'interprête ;
« A ses efforts tout cède, et le vainqueur
« De la cruelle a pu toucher le cœur.

« Mais, par quel art fera-t-on la conquête
« D'une insensible et perfide coquette ?
« Voir autour d'elle un cercle adulateur,
« De ses plaisirs est le plus séducteur.
« Pour abuser, elle désire plaire :
« Au sentiment son ame est étrangère.
« Laisse-la seule avec sa vanité :
« Elle en aura le tribut mérité.
« Elle a d'Amour usurpé la puissance ;
« Le dieu jaloux en tirera vengeance.
« Tu la verras, la fable de son temps ;

« Sur le retour sourire aux jeunes gens,
« Sans plus avoir de filets ni d'amorces,
« A captiver, user en vain ses forces;
« Et s'agitant comme font les tyrans,
« Sur qui déjà pèse le faix des ans,
« Fuir le repos avec inquiétude,
« Et redouter jusqu'à la solitude.

« De la coquette imitant les écarts,
« Certains amans s'en vont, à tous hasards,
« De leur constance assurer une belle ;
« Mais de l'amour ils n'ont pas l'étincelle.
« Que la beauté dédaigne un tel galant :
« Il a l'éclat du phosphore brillant,
« Qui toujours brûle et jamais ne s'enflamme,
« Symbole vrai de l'ardeur de son ame !

« Les bals, les jeux favorisent l'Amour.
« Profites-en pour y faire ta cour.
« Alors le cœur est ouvert à la joie :

CHANT V.

« Telle la fleur au printemps se déploie.
« Philène épris entretint de ses feux
« Lesbie à qui le sort malencontreux
« Avait montré la superbe Artemire,
« Que décorait un riche cachemire.
« Je t'en fais juge : était-ce le moment ?
« Pour réussir, sois plus discret amant.
« Je sais pourtant qu'à la règle prescrite
« Plus d'un mortel déroge en sa conduite.
« Ephèse a vu, sur sa tombe insulté,
« L'époux défunt le matin regretté (8).
« Philis perdit Bébé sa favorite,
« Et le jour même écoutait Hypolite.
« Au bal masqué, le domino trompeur
« Te permettra de dévoiler ton cœur.
« L'Amour jouit des fausses ressemblances,
« Et Jupiter a pris les apparences
« D'Amphytrion, d'un cigne, d'un taureau (9),
« Tant à l'Amour plaît un dehors nouveau !

« Lorsqu'un rival courtisera ta belle,
« Sans t'allarmer demeure-lui fidèle ;
« Amant heureux quand de toi l'on médit,
« Et plus heureux lorsque l'on interdit
« De recevoir désormais ta visite :
« C'est assurer ta prompte réussite.

« Tu dois laisser à l'orgueil des tyrans
« Des noirs soupçons les débats renaissans ;
« Car s'il est vrai que de légers caprices
« Peuvent d'Amour augmenter les délices,
« La Jalousie, aveugle avec cent yeux,
« A la beauté rend l'amant odieux.
« De l'impotent le jaloux est l'image :
« La douleur seule est son triste appanage.

« Sois en public toujours respectueux ;
« Mais en secret fais éclater tes feux.
« Lorsqu'on bégaye un prétexte frivole,
« Et que le trouble a coupé la parole,

CHANT V.

« Quand sur le front tu verras la pudeur
« Et l'œil éteint exprimer la langueur,
« De cet instant profite avec vîtesse :
« On te sait gré de ton heureuse adresse ;
« Mais un amant est bientôt écarté,
« S'il n'a recours à la témérité (10).

« Tu connaîtras, à de nombreux indices,
« Si de Philis les vœux te sont propices :
« Elle te dit maints propos différens
« Sur tes amis, sur toi, sur tes parens,
« Te fait conter l'histoire de ta vie,
« Puis à toi-même ensuite la confie,
« Et quelquefois te met sur le chemin
« De découvrir ce qu'enserre ton sein ;
« Elle s'éloigne afin que tu la suives,
« Ou bien s'enfuit pour que tu la poursuives.

« Ne te plains pas si parfois tes amours
« Sont d'incidens traversés en leur cours.
« Au Grand-Seigneur j'ai vu porter envie :

« Dans son sérail les beautés de l'Asie,
« Par leurs attraits l'excitant aux plaisirs,
« Sans résister cèdent à ses désirs.
« Il voit, signale, obtient la plus jolie.
« C'est une erreur, une étrange folie,
« Que de juger le Grand-Seigneur heureux :
« On ne sent pas les plaisirs amoureux,
« Sans les désirs qu'un obstacle nous donne ;
« Par ses chagrins Vénus les assaisonne.

« Mais vaincre est peu, l'on doit en profiter (1).
« Que la beauté n'aille point s'irriter
« Contre un amant dont le cœur se partage,
« Ni réclamer son exclusif hommage.
« Si de Mirtale, il éprouve l'humeur,
« De Corisca les airs et la hauteur,
« Tircis compare et bientôt il préfère
« La gaîté franche et le ton de Glycère.
« L'éloignement embellit ses appas
« D'autres attraits qu'il ne connaissait pas,

« Tant par l'abus des plaisirs de la vie
« La douceur même à nos sens est ravie !
« Et toi galant, que jamais la beauté
« N'ait pour ses lois ta seule volonté :
« Ainsi l'amour vit exempt de querelles ;
« Mais les tyrans ne font que des rebelles.
« Tiens dans ta main les rênes mollement,
« Sans le savoir on suit leur mouvement.
« Le plus souvent ris d'un trait de malice,
« Et quelquefois passe un léger caprice :
« Il est le sel des graces, de l'esprit,
« Et de l'amour qu'en sa force il nourrit.

« Telle est enfin la règle salutaire
« Qu'en tous climats il faut suivre pour plaire :
« Fuir du Français la pétulante ardeur,
« Du Cisalpin l'indolente tiédeur,
« Et de l'Anglais, polissant les manières,
« Se préserver de leurs excès contraires :
« Ainsi des cœurs vivent long-temps les feux.

« Pour réformer tout l'empire amoureux,
« Qu'à son époux l'épouse en Angleterre
« Laisse à son gré blâmer le ministère.
« Quelle combatte un rigide Caton,
« Ou d'un amant la dissolution,
« Par l'éloquence et le pouvoir des charmes :
« L'un se taira, l'autre rendra les armes.
« Que la Française, attisant mieux l'amour,
« Cache le sien par un heureux détour ;
« Qu'elle dispute un peu plus la victoire :
« A triompher on aura plus de gloire.
« L'Italienne, à ses torts renonçant,
« Doit couronner les vœux de son amant,
« Ne point vouloir qu'en l'abreuvant de peines,
« Avec plaisir il supporte ses chaînes ;
« Qu'Héliotrope, à la voir destiné,
« Son œil toujours soit vers elle tourné ;
« Que le jeune homme ait une ame de glace ;
« Que le vieillard soit ardent à sa place.

CHANT V.

« De ces abus en réprimant l'excès,
« En même temps naîtront chez les Anglais
« Les Thémistocle (12) et les Alcibiades
« Qui, dans leur cours observant les Pléiades,
« Suivront d'amour le sentier séduisant;
« Et le Français, sibarite vaillant (13),
« Ceint de lauriers et de roses nouvelles,
« En goûtant mieux le mérite des belles,
« N'osera plus traiter de surané
« De quinze jours le lien dédaigné.
« On proscrira désormais d'Italie
« L'usage qui, dans sa bizarrerie,
« Veut qu'un mortel, après trente ans d'amour,
« Soupire encore ainsi qu'au premier jour.
« Au rang des preux de la chevalerie
« Sera Platon et sa philosophie.
« De son traité, l'esprit analysé,
« Au Muséum d'Amour sera posé
« Près du crystal de larmes entassées,
« Que la matrone en Éphèse a versées.

« Ovide a su, par moi seule inspiré (14),
« Comment l'Amour désire être adoré ;
« Mais, sous ses yeux, j'avais mis pour modèle
« César à qui la victoire fidèle
« Soumit jadis le superbe Gaulois,
« Dont Cléopâtre aussi connut les lois ;
« Qui, de son nom, remplit toute la terre,
« Et triompha dans Rome et dans Cythère (15).

« C'est sur les pas de ces maîtres galans
« Qu'au vrai bonheur parviendront les amans. »

A ce discours la Volupté s'arrête :
Le dieu d'Amour fait un signe de tête
Pour approuver tout ce qu'elle avait dit.
A l'ambassade en partant il sourit,
Et des plaisirs porte la jouissance
A l'univers qu'attristait son absence.

Mais du saint lieu les dames en sortant,
Dans leur esprit, s'en allaient méditant,
De Cupidon la morale épurée.

CHANT V.

Si milady n'était point rassurée,
Madame encore semblait, de son côté,
Avoir perdu sa folâtre gaîté;
Et Madonna, n'aguères radieuse,
Le front baissé marchait triste et rêveuse.
Les cavaliers, en longs raisonnemens,
Entraient déjà sur ces évènemens,
Quand un amour, à leur foule empressée,
Montre du doigt une table dressée
A quelques pas près d'un riant bosquet.
Sans plus tarder on se rend au banquet
Dont l'ordonnance excite la surprise.
La porcelaine avec l'or rivalise ;
D'Apicius, l'art apprêta les mêts.
Momus lui-même y vint siéger exprès :
Aussi vit-on régner par-tout la joie.
Aux différends on n'était plus en proie.
Les cavaliers, leurs dames, cette fois,
D'amour leur maître accomplissaient les lois.
Pour amener ce changement étrange,

L'eau de Vaucluse avait, par son mélange (16),
Coupé le vin qu'on servit aux Français :
L'Italien se versait à longs traits
Et le champagne et la gaîté légère,
Qui corrigeaient son humeur trop austère ;
Mais à l'Anglais on avait réservé
Un vin clairet, à grands frais conservé,
Qu'on baptisa, connaissant sa pratique,
D'un elixir dit anti-politique.

Quand l'ambassade a fini son repas,
En voltigeant les Jeux guident ses pas
Vers des jardins qu'à l'amour voulant plaire
Pomone et Flore ont plantés à Cythère.
L'art, la nature ont uni dans ces lieux
Tout ce qui peut flatter l'œil curieux,
Les vallons frais, les parterres, les plantes
Et les bosquets, les collines riantes.
Un doux Zéphir, d'un souffle protecteur,
Des arbrisseaux écartant l'épaisseur

Laisse entrevoir une ruine antique ;
Un obélisque, un groupe magnifique.
C'est le taureau d'Europe ravisseur,
Et de Léda c'est le cygne imposteur.
Sans que le soc y forme cicatrice,
La terre aux fleurs ouvre son sein propice.
De toutes parts de limpides ruisseaux,
La fécondant, l'arrosaient de leurs eaux,
Qu'en un canal le plomb menait captives,
Ou vers un lac qui coulaient fugitives.
Marins aîlés, là, de jeunes amours
Suivaient du lac en ramant les contours :
L'air résonnait de leurs chansons nautiques (17).

Mais des sylvains et des nymphes rustiques
A l'honorer, par l'amour destinés,
Font leur séjour dans ces lieux fortunés.
Ils ont reçu de Vénus l'art de plaire ;
La Volupté pour eux voulut plus faire :
Elle préside à leurs tendres débats,

LE CONGRÈS DE CYTHÈRE.

Et par son art les rend plus délicats.
Là, les refus, les délais d'une amante,
Sont de plaisirs une usure constante,
Et l'on ne sait si leur chaîne sans fin
Est de l'amour ou faveur ou larcin.
Ces lieux charmans l'avaient si bien séduite
Que milady, non sans regrets, les quitte ;
Et que déjà madame de Jasis
Ne pensait plus aux plaisirs de Paris ;
Pour Beatrice, aux voûtes éthérées
Natal séjour des ames égarées,
Elle semblait, incertaine, ignorer
Si cet asile était à préférer.

Du dieu d'amour la loi fut rapportée
Par l'ambassade à la terre enchantée :
En l'observant, on fut jadis heureux ;
Si tu veux l'être, imite tes ayeux.

FIN DU CHANT CINQUIÈME ET DERNIER.

NOTES

DU CHANT PREMIER.

Cythère (*Cérigo*), l'une des sept îles, est située au S. E. de Zante. Elle a dix-huit lieues de tour; elle est montagneuse et abonde en gibier. Sa population est de 8,000 habitans.

C'est auprès de Cythère, selon les poètes, que Vénus fut formée de l'écume de la mer. Les habitans adoraient cette déesse, et lui avaient consacré un temple sous le nom de Vénus-Uranie.

(2) PAGE 3, VERS 5.

Passant ses jours près d'un autre Psyché...

Phyché. C'est un mot grec qui signifie ame. Cupidon aima Phyché et la fit transporter par Zéphyre dans un lieu de délices où elle demeura long-temps avec lui sans le connaître. Enfin, pressé par ses sollicitations, Cupidon se découvrit et disparut. Vénus, irritée de ce que

Psyché avait captivé le cœur de son fils, la persécuta tant qu'elle la fit mourir. Jupiter lui rendit la vie, et lui donna l'immortalité en faveur de Cupidon. On la représente avec des ailes de papillon aux épaules.

(3) PAGE 4, VERS 6.

Sur les rochers de la Crète orgueilleuse....

La Crète, île de la Méditerranée, adjacente à la Grèce. Les habitans sacrifiaient des hommes à Jupiter et à Saturne. La plupart des dieux et des déesses y prirent naissance.

(4) PAGE 4, VERS 16.

Qui fonderaient la grandeur des Romains....

Les anciens Romains, comme l'atteste l'Enéïde de Virgile, croyaient devoir leur origine à Vénus, divinité protectrice de leur empire. C'est ce qui justifie la fiction de l'auteur, lorsqu'il imagine que l'Amour s'était retiré à Cythère avec Vénus, pour y méditer la fondation de la ville de Rome.

(5) PAGE 4, VERS 19.

Que célébra jadis Anacréon.....

Anacréon, dans une ode gracieuse, dit que l'Amour fut piqué par une abeille, en voulant cueillir une rose dans le sein de laquelle elle reposait, et que, tourmenté par la douleur, il se réfugia dans les bras de sa mère. Cette ode fut imitée par Théocrite, dans sa dix-neuvième idylle. Elle a été élégamment traduite en Italien, par Rolli et l'abbé Régnier qui, quoique Français, était profondément versé dans la littérature italienne.

(6) PAGE 6, VERS 9.

Près du Cocyte arrosé de ses pleurs...

L'auteur en faisant le portrait de la jalousie, a voulu, par ces expressions : *Che si nutre solo di sospetti*, rappeler le beau sonnet de monseigneur Della Casa, qui commence ainsi :

Cura che di timor ti nutri e cresci.

(7) PAGE 7, VERS 10.

Où de César, d'Aristippe les traits...

Jules-César, le dictateur de Rome, assassiné par Brutus et Cassius.

Aristippe, natif de Cirène, disciple de Socrate et fondateur de la secte cirénaïque. La pureté de la morale de son maître cessa bientôt de lui convenir ; il l'abandonna pour enseigner que, dans cette misérable vie, la volupté est le souverain bien.

(8) PAGE 7, VERS 14.

D'un moindre rang, les Ris, les Jeux légers...

Les peintres et les poètes donnent pour suivans à

l'Amour, les ris, les jeux et les plaisirs, représentés sous la figure d'enfans ailés.

(9) PAGE 8, VERS 18.

Aux jours de gloire où l'aigle des Romains....

L'aigle était l'enseigne des armées romaines; elle est prise ici métaphoriquement pour l'empire romain.

FIN DES NOTES DU CHANT PREMIER.

NOTES
DU CHANT DEUXIÈME.

—

(1) PAGE 20, VERS 17.

Il lut de Spon les voyages en Grèce...

Spon. Cet écrivain a donné un Voyage en Italie, en Dalmatie, dans la Grèce et le Levant. Le destin des voyages est semblable à celui des dictionnaires. Les derniers sont les meilleurs, parce que les auteurs qui les écrivent, s'emparent des observations de leurs prédécesseurs, et y joignent celles qui leur sont propres.

(2) PAGE 21, VERS 1.

Nicopolis célèbre dans l'histoire...

Nicopolis, ville bâtie par Auguste, en mémoire de la bataille d'Actium.

(3) PAGE 21, VERS 2.

Et d'Actium le fameux promontoire....

Actium. Le promontoire d'Actium est devenu célèbre par le combat naval dans lequel Auguste défit Antoine.

(4) PAGE 21, VERS 14.

D'un pied mignon et d'une jambe telle
Qu'on en voyait au temps de Gabrielle.

Gabrielle d'Estrée, duchesse de Belfort, l'une des beautés de son siècle, le plus justement renommées ; on connaît ses amours avec Henri IV.

(5) PAGE 22, VERS 13.

Tous enviaient le sort du chevalier
Qui remplissait le grade de brassier.

On sait qu'en Italie, chaque amant a son emploi auprès d'une belle. Florence a des *sigisbés*, Gênes le *patito*. Nous avons l'ami de la maison.

(6) PAGE 23, VERS 8.

Jamais Miron, Phidias, Praxitèle.....

Miron, sculpteur grec, fameux par son exacte imita-

DU CHANT II.

tion de la belle nature. Il vécut 442 ans avant l'ère chrétienne.

Praxitèle, autre sculpteur grec, florissait 564 ans avant J.-C. On ne sait si c'est à Phidias ou à lui qu'on doit assigner le premier rang parmi les sculpteurs.

(7) PAGE 23, VERS 19.

Profondément elle la salua.....

Le texte porte : Nullo bel salutar tra lor si tacque. C'est une imitation du Dante qui a dit :

Nullo bel salutar tra noi si tacque.

(8) PAGE 24, VERS 10.

C'était de Paul l'arrangement pompeux.

Paul Veronèse, Raphaël d'Urbin et le Titien, sont trois peintres célèbres de l'école italienne.

(9) PAGE 26, VERS 5.

Au mont Ida jadis dans leurs querelles....

Le mont Ida. Il est fameux par le jugement de Pâris. Il est situé en Phrygie, près des lieux où fut la ville de Troie : il était consacré à Cybèle.

(10) PAGE 27, VERS 14.

Du dieu du jour lui cachent les rayons...

On sait qu'en Angleterre les nuages fréquens laissent rarement voir le soleil.

(11) PAGE 28, VERS 11.

Jadis Mézence unissait une belle...

Mézence, prince impie, roi des Tyrrhéniens. Ses peuples se révoltèrent contre lui, parce qu'il faisait égorger ceux qui ne lui plaisaient pas, ou les faisait mourir bouche à bouche avec des cadavres. Il fut défait par Énée.

(12) PAGE 28, VERS 18.

Ainsi Tantale, en plongeant dans les flots,
De son palais voit s'éloigner les eaux.

Le texte dit : E nel bel mezzo di Londra, che altra cosa è di noi, se non che esser *tantaleggiate* di continuo dalla vista degli uomini ?

« Et au sein même de Londres, quel est notre sort, si
« ce n'est d'être continuellement *tantalisées* par la vue
« des hommes ? »

Je n'ai pas cru que le verbe *tantaliser*, créé par l'auteur, en Italien, dût être naturalisé en Français.

DU CHANT II.

(13) PAGE 31, VERS 8.

Des toisons d'or lord Anson nous apporte...

Lord Anson. L'auteur parle d'un lord qui, dans le temps même où il écrivait son Congrès, revint en Angleterre, après s'être emparé d'un gabion espagnol.

(14) PAGE 35, VERS 11.

Nous n'avons plus qu'à voir en république,
De ces Phrynés la cohorte impudique.

Phryné, beauté grecque, ne le cédait en rien par ses attraits aux Laïs ni aux Aspasie. Elle amassa des richesses si considérables que, lorsqu'Alexandre eut rasé la ville de Thèbes, elle put offrir aux malheureux habitans les sommes nécessaires pour la faire rebâtir. Phryné ne demanda d'autre récompense de sa générosité que la permission de faire mettre sur les portes de Thèbes, l'inscription suivante :

« Alexandre détruisit Thèbes, qui fut rebâtie par
« Phryné. »

Elle fut aimée de Praxitèle qui voulut la rendre immortelle par son ciseau. Sa statue fut placée dans le temple de Delphes, entre celles d'Archidamus, roi de Sparte, et de Philippe, roi de Macédoine.

NOTES

(15) PAGE 35, VERS 15.

Ainsi bientôt le marbre, sur les places,
De nos Flora détaillera les grâces.

Flore, célèbre courtisanne de Rome, fut aimée par le grand Pompée. Le consul Cécilius Métellus fit faire le portrait de Flore, et le consacra dans le temple de Castor et Pollux.

(16) PAGE 36, VERS 12.

Ainsi Minerve, au milieu des combats,
Se garantit en ceignant son égide.

L'intelligence des lecteurs me dispense de donner l'application de cette comparaison.

(17) PAGE 36, VERS 17.

Qu'avec éclat figure dans l'histoire
De Charles II le siècle plein de gloire!

Charles II, roi de la Grande-Bretagne, s'adonna à l'amour, et sa cour suivit son exemple. Ceux qui désireront connaître son histoire galante, pourront lire les Mémoires du chevalier de Grammont.

(18) PAGE 37, VERS 3.

Le règne d'Anne amena vers sa fin
Des vrais amours le rapide déclin.

Anne, reine de la Grande Bretagne, fille de Jacques II, de la famille des Stuarts. Elle monta sur le trône en 1702, après la mort du roi Guillaume; elle cessa de régner et de vivre en 1714.

(19) PAGE 37, VERS 7.

De Marlborough les éclatans succès
Sont les derniers obtenus des Anglais.

Jean Churchill, duc de Marlborough, général des armées de la reine Anne, et son premier favori. Les victoires de Hochstedt, de Ramillies et de Malplaquet, l'ont mis au rang des plus grands capitaines.

(20) PAGE 37, VERS 9.

Et cette boucle à Bélinde enlevée
Des mœurs d'alors la peinture achevée.

La Boucle de Cheveux enlevée, poëme héroï-comique en cinq chants, d'Alexandre Pope. Toutes les nations s'accordent à donner des éloges à cet ouvrage, qui est considéré comme une excellente production de la muse de l'auteur. Les Anglais ont de ce poëte une traduction d'Homère qu'ils réputent peu inférieure à l'original.

FIN DES NOTES DU CHANT DEUXIÈME.

NOTES

DU CHANT TROISIEME.

---

(1) PAGE 42, VERS 2.

Ou nous chassons leur cohorte abhorrée
Chez les lecteurs de Cassandre et d'Astrée.

Gautier de Costes, seigneur de la Calprenède, est l'auteur de Cassandre et de deux autres romans intitulés, le premier Cléopâtre, et le second Pharamond ; ils sont tous trois diffus et ennuyeux : on ne les lit plus.

De la Calprenède naquit à Cahors et mourut aux Andelys, en Normandie, l'an 1663. Outre ses romances, on a de lui des tragédies peu estimées. Cependant on remarque de belles scènes dans son comte d'Essex. Sa tragédie en prose d'Emenegilde, a sans doute fourni à Lamotte l'idée de ne plus faire parler Melpomène en vers.

Astrée, fable pastorale de Jacques d'Urfé, comte de

Château-Neuf, fut en grande réputation pendant plusieurs années, et elle est mentionnée avec éloge par Ménage, dans ses notes sur l'Aminte du Tasse. Outre le roman de l'Astrée, d'Urfé a fait des épîtres morales, des cantiques et le poëme de Sireïne, en trois parties, où il décrit ses amours avec Diane de Château-Morand, d'abord sa belle-sœur, puis sa femme.

(2) PAGE 42, VERS 18.

Ton style, Amour, est plus pur et plus sage.

Le texte porte : Non è il tuono, cui tu, amore dettavi quei versi che *sospirava* Tibullo.

Soupirer, en Italien, est un verbe neutre; et lorsqu'il s'emploie avec un datif ou un accusatif, il signifie *désirer ardemment*.

A voi divotamente ora sospira
L'anima mia.
DANTE, *Paradis*, (CHANT 2, vers 121.)

Dans notre langue, *soupirer*, avait aussi toujours été neutre; mais Boileau s'en servit comme actif, en lui conservant sa première acception, et dit:

Qu'Amour dictait les vers que *soupirait* Tibulle.
Art Poétique.

Nous adoptâmes l'innovation du satyrique, et après lui, Voltaire a dit dans le même sens :

. . . . . . Lieux où, dans ses beaux jours,
Pétrarque soupira ses vers et ses amours.
Henriade, CHANT 9.

Algarotti n'a fait ici que traduire Boileau, ce qui justifie peut-être l'inculpation qu'on lui a intentée, d'innoyer dans la langue des Toscans, en l'accomodant au goût Français. Pour moi, je ne trouve point digne de blâme l'écrivain qui s'approprie les expressions heureuses de l'étranger, lorsqu'il le fait avec discrétion, et pourvu qu'elles dérivent de l'une des langues dont la sienne est formée, selon l'avis d'Horace accueillant tous les mots nouveaux qui pouvaient s'adapter à la circonstance, lorsqu'ils venaient du grec :

Et nova fic taque nuper habebunt verba fidem, si græco fonte cadant, parcè detorta.
HORACE, *Art poétique*.

Pour peu qu'on ait lu le Dante, Bocace, Pétrarque et les anciens auteurs italiens, tels que les classiques, cités par le Vocabulaire de la Crusca, on conviendra que la langue toscane tire en grande partie ses termes abondans de l'ancien idiôme français. Par ce motif, tout auteur italien qui y puise un mot, un tour de phrase qui manque à sa langue, est digne de louange.

Pour satisfaire cependant les Italiens qui ne voudraient rien emprunter à l'étranger, il faut les avertir que Boileau aussi bien qu'Algarotti, en se servant activement du verbe soupirer, en avaient pris l'exemple de ce même Tibulle qu'ils rappellent ici tous deux :

> Quòd si fortè alios jam nunc suspirat
> Amores.
>
> TIB., lib. v, carm 5.

On peut donc, dès-lors, admettre en Italien l'emploi du verbe *soupirer* à l'actif.

(3) PAGE 43, VERS 5.

Lorsque tenant la lyre et le compas
La même main les meut sans embarras.

Je ne pourrais dire avec certitude qui l'auteur a eu en vue dans ce passage. Peut-être fut-ce M. de Fontenelle dont j'ai fait connaître dans la préface, les relations avec Algarotti ; peut-être était-ce Eustache Manfredi, l'un de ses professeurs, célèbre mathématicien et poète estimé ? Il est possible encore qu'Algarotti ait voulu faire allusion à lui-même.

(4) PAGE 43, VERS 8.

Quand nos beautés, sur le cours des planètes,
Avec Newton jasent à leurs toilettes.

Les Italiens, les Français et les Anglais, ces derniers sur-tout, traités plus sévèrement que les autres, ne se plaindront pas de l'auteur qui ne s'épargne pas lui-même. Il plaisante ici sur son Newtonianisme pour les dames, dont j'ai parlé dans la notice qui se trouve à la tête du poëme.

(5) PAGE 45, VERS 1.

Que peut, Amour, juges-en par toi-même,
Notre sagesse en ce péril extrême?

Le texte porte : Lo di tu, o nume, se tu che sei amore, d'amor t'intendi.

C'est une imitation du Tasse, dans le prologue de l'Aminte :

Se io che son l'Amor, d'amor m'intendo.

FIN DES NOTES DU CHANT TROISIÈME.

NOTES

DU CHANT QUATRIÈME.

(1) PAGE 55, VERS 8.

Je t'en supplie, inspire mes accens,
Si dans ta cause ils étaient impuissans.

Le texte porte : Come io nel priego

Colle ginocchia della mente inchine.

Ce vers est tiré de Pétrarque.

(2) PAGE 57, VERS 10.

Armide, Alcine et leur art enchanteur
N'ont rien produit qui parût si flatteur.

Le palais d'Armide a été décrit par le Tasse, et celui d'Alcine par l'Arioste.

DU CHANT IV.

(3) PAGE 58, VERS 4.

Le Dante a dit : Plus le cœur nous enchaîne,
Plus nous sentons le plaisir et la peine.

Ce dernier vers est une imitation de celui du Dante, au sixième chant de son Enfer :

> Più senti il bene, e così la doglienza.

(4) PAGE 59, VERS 15.

..... Des attraits, vive image des cieux :
D'autres pour lui ne sont pas précieux,

Le texte porte : E coloro..... Non tengono gli occhi fissi..... se non se in quanto

> Sono scala al fattor chi ben le stima.

Ce vers est tiré de Pétrarque.

(5) PAGE 59, VERS 19.

Dante et Pétrarque en leurs écrits divins....

Ils vivaient dans le quatorzième siècle : ils sont tous deux Florentins, et pères de la langue italienne.

(6) PAGE 60, VERS 2.

Pour sa Bicé l'un fit briller sa flamme.....

Bicé est l'une des beautés auxquelles le Dante adressa

ses hommages; il l'a célébrée dans ses sonnets et ses chansons.

(7) PAGE 60, VERS 4.

De Laure éteinte un constant souvenir....

Laure, appelée communément la belle Laure, fille de Odifrède de Noves, épouse d'Ugon de Sades, de l'une des familles les plus illustres d'Avignon. Les amours de Pétrarque l'ont rendue célèbre, et MM. de Sades se glorifient autant d'être les descendans de Laure que de l'ancienneté de leur maison. Ceux qui seraient curieux d'en savoir davantage sur cette femme illustre, peuvent lire les mémoires sur Pétrarque, publiés par l'abbé de Sades, et imprimés à Avignon en 1764, en trois volumes in-4°.

(8) PAGE 60, VERS 10.

Mais après eux pur et rempli de grâce,
Messer Bembo tient la première place.

Pierre Bembo, cardinal, de l'une des premières familles de la république de Venise, fut, pour ainsi dire, celui qui rendit à la langue italienne sa pureté, et à la poésie cette délicatesse qu'elle avait perdue dans le quinzième siècle. S'il avait été moins prolixe dans sa prose, et, dans ses vers, moins servile imitateur de Pétrarque, il eût porté à son comble la gloire des lettres italiennes.

Il est du petit nombre des écrivains non Toscans cités par le vocabulaire de la Crusca.

(9) PAGE 60, VERS 12.

Il sut montrer aux amans incertains,
Par de brillans et légers Asolains.....

Les Asolains sont un dialogue sur l'Amour. Le cardinal Bembo l'a intitulé ainsi d'Asolo, maison de Plaisance dans les Alpes, sur le territoire de Trévisé, où la reine de Chypre, de la famille Cornaro, de Venise, avait coutume d'aller passer les beaux jours. C'est là que l'auteur a placé ses interlocuteurs. On n'admire aujourd'hui, dans cet ouvrage, que la délicatesse du choix des expressions où peu d'écrivains ont égalé Bembo, comme l'observe Crescembeni dans son Histoire de la Poésie vulgaire, en réfutant l'opinion de quelques détracteurs du cardinal. L'image des deux vers qui suivent ceux cités plus haut, est empruntée de l'introduction des Asolains.

(10) PAGE 60, VERS 20.

...... Cet amour enfanté
Par la débauche et par l'oisiveté,
Qui dominait en tyran sur la terre....

Ces vers sont une imitation de ceux de Pétrarque, dans son Triomphe de l'Amour :

Che nacque d'ozio e di lascivia umana,
Fatto signor e dio da vente gana.

(11) PAGE 62, VERS 1.

Nous ne voulons que des liens durables
Et dont le cours, dans leur stabilité,
Du trépas seul puisse être intercepté.

Le texte porte :

Che morte solo fia, ch' indi ne snodi.

L'auteur a fait allusion à ce vers de Pétrarque :

Cosa bella mortal, passa e non dura.

(12) PAGE 62, VERS 10.

Par un regard assez l'on récompense
En son amant trois lustres de constance.

Un solo sguardo è bastevol mercede di un sospir *trilustre*.

Cette épithète pourrait paraître trop relevée pour la prose, si le Congrès de Cythère n'était écrit d'un style poétique, à l'imitation des nouvelles de Bocace.

Pétrarque a dit dans un sonnet :

Continuando il mio sospir trilustre.

Et après lui, le marquis Scipion Maffei a mis ce vers dans la bouche de Mérope :

Lasciami in preda al mio dolor trilustre.

(13) PAGE 64, VERS 8.

Alors brillaient par leur mérite rare
Les Colonna, les Quirine, Gambare.....

Vittoria Colonna, épouse de Ferdinand d'Avallo, marquis de Pescara, l'un des plus habiles capitaines de l'empereur Charles-Quint, fut célèbre par sa beauté, par sa vertu et par ses talens pour la poésie. A la mort de son époux, elle était jeune encore ; elle le pleura, elle le chanta, et il fut chanté et pleuré par les hommes de lettres les plus distingués de l'Italie, dont Vittoria fut la protectrice et l'amie.

Quirina, dame d'une famille noble de Venise, fut particulièrement estimée de monseigneur Della Casa.

Veronica Gambara, de Brescia, comtesse de Correggio, sœur du cardinal Gambara. Elle resta veuve à la fleur de l'âge, et ne voulut pas se remarier, afin de pouvoir plus librement se livrer à l'étude. Elle a laissé des poésies fugitives imprimées à Brescia, en 1759 ; elle suivit les traces de Bembo, et mérita l'éloge de l'Arioste, dans Roland le Furieux:

Sì grata a febo e al santo aonio coro.

NOTES.

(14) PAGE 66, VERS 2.

Du beau pays que l'Apennin couronne,
Et que la mer de ses flots environne.

Ces vers sont une imitation de celui de Pétrarque rapporté par l'auteur :

Che Appennin parte, e'l mar circouda, e l'alpe.

(15) PAGE 68, VERS 2.

Droit vers le ciel dirige tous nos pas.

A noi mostra la via che al ciel conduce.

L'auteur a fait ce vers à l'imitation d'un autre de Pétrarque :

E la via di salire al ciel mi mostra.

FIN DES NOTES DU CHANT QUATRIÈME.

NOTES

DU CHANT CINQUIÈME.

---

(1) PAGE 72, VERS 11.

Elle parlait avec la mélodie
Des instrumens de la molle Ionie.

L'Ionie, région de l'Asie mineure, était habitée par une colonie grecque. La musique y fut fort en honneur. On appelait ionique l'un des cinq modes de la musique des grecs. Il était l'intermédiaire du phrygien et du dorique.

(2) PAGE 74, VERS 15.

De l'amoureux distinguant le voleur,
Sut aboyer, se taire avec adresse,
Plut à son maître et plut à sa maîtresse.

Ces vers sont une imitation de ceux-ci :

Latrò pé ladri e per gli amanti tacque,
E sì a Messere ed a Madona piacque.

qui sont eux-mêmes traduits d'un distique latin de Joachim du Belloy, qui vivait sous le règne de François Ier:

Latratu fures excepi, mutus amantes:
Sic placui domino, sic placui dominœ.

PAGE 75, VERS 8.

Mars est guerrier (3), Adonis est chasseur (4),
Que de Narcisse (5) il n'ait point la fadeur.

Mars, dieu de la guerre et fils de Junon, fut enfanté par elle sans la participation de Jupiter, qui avait fait sortir de son cerveau Minerve armée de pied en cap.

Adonis, jeune homme extrêmement beau, naquit de l'inceste de Cynire, roi de Chypre, avec Mirra sa fille. On connaît ses amours avec Vénus, la vengeance de Mars, et la métamorphose d'Adonis en anémone.

Narcisse, fils de Céphise et de Liriope, était si beau que toutes les nymphes l'aimèrent; mais il n'en écouta aucune. Echo ne pouvant le séduire, en mourut de douleur. Tirésias prédit aux parens de ce jeune-homme qu'il vivrait tant qu'il ne se verrait pas. Revenant un jour de la chasse, il se regarda dans une fontaine et devint si épris de lui-même qu'il périt de langueur, et fut métamorphosé en la fleur qui porte son nom.

DU CHANT V.

J'ai supprimé ici le passage suivant de l'auteur, qui m'a paru être d'un mauvais goût en Français. Les lecteurs en peuvent juger.

« Necessaria per piacere è la scienza del vestire come
« quella che è parte essenzialissima del mondo femmi-
« nile. Di tale scienza ne diede, non è molto, i precetti
« alle varie tribù delle donne uno spirito gentile, de-
« gno di esser creato Granmaestro della guardabora di
« Citera. Non so se più à Momo piacesse o a Minerva,
« ladovè insegnò, il vestimento delle belle e dignitose
« della persona epico dover essere, nobile, modesto, e
« lontano sovra ogni cosa dal moderno orpello. Alle
« leggiadre donne, e graziose sia lecito esprimere nella
« sottana, dice egli, i voli dell'oda, la lindura del ma-
« drigale e di altri simili poemi minori. A quelle che
« hanno solo del piccante, non è da concedersi nell' an-
« drienne sublimità maggiore, che quella sia dell'epi-
« gramma, il quale va tutto restringendosi nell'acu-
« tezza della chiusa; della più semplice prosa ha da
« esser l'abito delle brutte; l'elegia e i tristi il forni-
« ranno alle vecchie. »

Cette conception burlesque avait le désavantage de ralentir le discours de la Volupté qui, tout en préceptes, doit être précis et rapide dans sa marche. Par respect pour mon auteur, j'avais voulu cependant donner au moins une idée de ce passage; mais j'ai fini par supprimer aussi, dans le poëme, ma tirade que je rapporterai néanmoins ici.

L'art qui préside à son ajustement
Est pour le sexe un objet important.
Un grand esprit, digne auteur de Cythère,
En a tracé la règle salutaire ;
Mais je ne sais qui l'inspira le plus
  Dans ses discours, de Minerve ou Momus.
Sur son sujet voici comme il raisonne :
A la beauté, noble dans sa personne,
De l'Epopée il faut l'habillement,
Sans vains apprêts, sans futile ornement ;
Et de la dame, aimable, gracieuse,
La robe aura l'expression heureuse
Qu'on voit à l'ode en son rapide élan,
Ou bien le tour du poëme élégant.
L'habit pincé d'une beauté piquante
Imitera l'épigramme mordante.
La femme laide a droit de se vêtir
De simple prose, et n'en doit pas sortir :
Celle qu'on voit au déclin de la vie
Pour son étoffe a la triste élégie.

(6) PAGE 78, VERS 14.

Rappelle-toi la grotte de Didon....

L'Enéide de Virgile parle de la grotte où Enée et Didon se réfugièrent, surpris par un orage. Didon ou Elise était fille de Bélus, roi de Tyr. Pour éviter la fureur de Pygmalion son frère, qui avait tué Sichée, elle se sauva en Afrique avec sa sœur Anne, et y bâtit la ville de Carthage. Jarbas, roi de Gérules, voulut l'épouser malgré elle : cette princesse aima mieux se donner la mort que de manquer à la tendresse qu'elle croyait devoir encore à son premier mari. Elle fut depuis révérée à Carthage comme une déesse. L'épisode de Didon dans l'Énéide est de pure invention. Énée vivait plus de trois cents ans avant la fondation de Carthage. Virgile a supposé les amours de Didon et du prince troyen pour y faire entrer les fameux intérêts qui ont si long-temps divisé Rome et Carthage.

(7) PAGE 78, VERS 15.

Et l'antre cher au cœur d'Endymion.

Endymion, berger de la Carie, était petit-fils de Jupiter. Les poètes ont placé dans les antres de Latmos les rendez-vous nocturnes de Diane avec lui.

(8) PAGE 81, VERS 11.

Éphèse a vu, sur sa tombe insulté,
L'époux défunt le matin regretté.

La Matrone d'Éphèse, affligée de la mort de son époux, avait résolu de finir ses jours dans le tombeau où sa dépouille mortelle avait été déposée ; mais à la prière d'un jeune guerrier, non-seulement elle mit fin à ses larmes mais, le jour même, elle insulta aux cendres de son époux en présence de ses mânes. Petronio Arbitro a inventé ou fait connaître aux Italiens cette nouvelle. Saint-Evremont, juste appréciateur du mérite de Pétrone, la lui emprunta. M. de Watelet, de l'Académie française, en a fait une comédie.

Saint-Evremont, né près de Coutances en 1613, a fait des dissertations et beaucoup écrit de lettres, où l'on trouve presque toujours solidité de jugement et justesse de goût. Ses comédies manquent d'intérêt; ses vers sont d'un bel esprit plutôt que d'un poète.

M. de Watelet, receveur général des finances, fut admis à l'Académie française pour son poëme sur la peinture. Il a écrit aussi sur les jardins.

(9) PAGE 81, VERS 17.

Et Jupiter a pris les apparences
D'Amphytrion, d'un cigne, d'un taureau...

Amphytrion, fils d'Alcée et petit-fils de Persée, s'empara de Thèbes, et épousa Alcmène. Il fit la guerre aux Télébéens, qu'il défit par le moyen de Comètho, fille de Ptérélas, leur roi, à qui cette princesse confia un cheveu d'or, dont dépendaient les destinées de ce monarque. Ce fut pendant cette guerre que Jupiter, sous la forme d'Amphytrion, trompa Alcmène.

Jupiter voulut aussi séduire Léda, femme de Tyndare; mais, ne pouvant la surprendre, il se métamorphosa en cygne, et la trompa en jouant avec elle sur les bords du fleuve Eurotas, où elle se baignait. Elle accoucha de deux œufs, de l'un desquels sortirent Hélène et Clytemnestre, et de l'autre Castor et Pollux.

Jupiter prit la figure d'un taureau pour enlever Europe, passa la mer la portant sur son dos, et la conduisit dans cette partie du monde à laquelle elle donna son nom.

(10) PAGE 83, VERS 6.

Mais un amant est bientôt écarté,
S'il n'a recours à la témérité.

Ces deux vers sont une imitation de celui-ci de l'Aminte du Tasse :

Ch'è spacciato un 'amante rispettoso.

(11) PAGE 84, VERS 10.

Mais vaincre est peu, l'on doit en profiter.

C'est une allusion à ce mot de Maarbal à Annibal après la bataille de Cannes :

*Non omnia nimirùm eidem dii dedêre :
vincere scis Annibal, victoriâ uti nescis.*
TITE-LIVE.

(12) PAGE 87, VERS 3.

Les Thémistocle et les Alcibiades.

Thémistocle, général athénien. Il signifie ici *défenseur de la liberté.*

Alcibiade, jeune Athénien adonné aux plaisirs, commanda plusieurs fois les armées de son pays. Il est cité ici pour figurer un homme qui se couronne de myrthe et de lauriers.

(13) PAGE 87, VERS 6.

Et le Français, sibarite vaillant....

Les Sibarites, habitans de Sibari, cité de la grande Grèce, aujourd'hui royaume de Naples, se livraient aux plaisirs. On appelle *sibarite*, un homme qui les aime à l'excès : c'est dans ce sens que ce mot est usité.

(14) PAGE 88, VERS 1.

Ovide a su, par moi seule inspiré.....

Ovide, dans son *Art d'aimer*, traça des leçons aux Romains pour allumer l'amour et le rendre durable. L'*Art d'aimer* de Bernard contient à-peu-près les mêmes principes. Beaucoup de Français préfèrent son poëme à celui d'Ovide. Je ne sais si les gens de lettres des autres nations sont du même avis.

(15) PAGE 88, VERS 8.

Et triompha dans Rome et dans Cythère.

On reconnaît aisément à ce portrait Jules César. On pourrait aussi l'appeler *le cousin de l'Amour*, puis-